The Ult

Dhammapada

A Complete

Pali - English Bilingual

Study Edition

Of the Canonical Dhammapada

and

Ancient Commentary

Volume One

Theravada Tipitaka Press

Visit our website at www.nibbanam.com

Learn Pali at http://pali.nibbanam.com

Or contact the editor via nibbanam@gmail.com

Printed in the United States of America

First Printing: December 2015

ISBN- 978-1515303268

Contents

Introduction 4

Yamakavaggo 17

The Pair Chapter 17

1. CAKKHUPĀLA-TTHERA-VATTHU 18

THE STORY OF THE ELDER CAKKHUPALA 18

2. MAṬṬHAKUṆḌALĪVATTHU 57

3. TISSATTHERA-VATTHU 81

Introduction

This Dhammapada text is our third Pāli-English Bilingual study edition and most ambitious project so far.

This bilingual study edition of the Dhammapada not only contains a "word by word" (interverbal or paraphrased) translation of the Dhammapada besides its original Pāli text but also includes the full Dhammapada commentary in a similar bilingual version.

We follow hereby another Buddhist practice which was especially popular in countries of early Buddhism. In Sri Lanka Buddhist monks paraphrased texts from the Tipitaka since medeaval times to make them more accessible to the lay public and also to help other monks improve their Pāli.

The idea to conserve the Buddha word in its pristine form for later generations while at the same time to make the instructions of the Buddha as accessible to the public as possible led to the development of an entire new literary genre, the so called "sannaya" or "sane" texts (for instance Parakramabahu's famous Visuddhimagga commentary in a Pāli - Sinhala bilingual is a great masterpiece of Buddhist learning).

This bilingual format is also a perfect way to support efforts learning Pāli in a more natural way. It also provides a much deeper insight into some core Buddhist concepts. There is, however, no "best" way on how to read a text like this. Depending on your skills and interest in Pāli itself you might skip the Pāli text completely while reading it, only checking important words and terms while you cross them. At the other end of the scale a reader could almost translate the text himself, checking with the provided translation, sentence by sentence to see how his own semantic exploration of ideas presented would lead to maybe completely different English expressions and presentation.

This way a student of Pāli will learn to develop recognition and a better feel for the language. The easier approach to reading more Pāli allows him to remember more contexts of when and how the Pāli terminology is applied. In time that student will get a clearer picture of how early Buddhism understood itself. He will start to see the associations and ideas behind a theory which ultimately turns into pragmatic consequences.

While the format of this edition reflects such a Sri Lankan sannaya style it also adheres to a very Western idea in studying ancient texts: In line with the Renaissance ideal of going back to the source it is especially true for a pragmatic philosophy like Buddhism, the non-theistic vehicle of training in virtue, concentration and insight, that a student is encouraged to check the direction and composition of his Dhamma-raft rather than following blind dogma. A bilingual reader might help even non-Pāli scholars but earnest practicioners to check their own path and instructions.

This translation is based on the public domain version done by Dawsonne Melanchthon Strong. In a few cases the editor deviated from Rhys David's choice of words (especially with regard to established terminology for certain Pali words).

Why the Dhammapada & Dhammapada Commentary? It gives you a lot of good material to learn a more "unsophisticated" commentarial Pali a very easy and comfortable way of dipping into the vast and enormous commentarial tradition in Pali. It is alsi a great way to get to know a flexible Pali for story telling, lots of good phrases for actual conversations, how they are built in the commentarial Pali register. Introduces you to commentarial Pali peculiarities in an easy manner and simple environment (when compared to treatises like Visuddhimagga). Generally speaking shares vocabulary and style with Apadana, Vimana, Peta Vatthu and of course the Jataka Commentaries.

Because this is the full unabridged version of the Dhammapada Commentary (chapters 1) you also get Ven. Buddhaghosas take on the grammar of the Dhammapada Pali source text. This is an excellent way to get introduced to some of the grammatical terminology used for analysis in and by the commentaries while still staying close to a canonical text.

It also teaches you a way to understand the huge difference in comparison to the original words of the Buddha.

Here the Buddha has do to some magic and show his divine powers to convince people to join his congregation while in the suttas it is the magic of the truth – the deep insight and clarity of the Buddha's message – which captures their hearts.

Traces of folkloristic Mahayana beliefs start to creep into the interpretation of the Buddha and his mission while the deeper implications of his teachings get lost.

However, here and there – especially in the words of the ancient masters (the "porana") we see flashes of ingenuity – a tradition of practice and realization shines through to us in those moments giving us a unique perspective on the viewpoint of the Dhamma from various masters and teachers throughout the history of Early Buddhism up to until 300 AD when the commentarial timeline seems to end.[1]

> **“ Yaṃ kiñci chinditabbaṃ, sabbaṃ taṃ paññāya chindati - natthi dutiyaṃ paññāya chedanan"ti.**
>
> **Milindapanha**

Lennart Lopin

2553 BE

PLEASE NOTE: ONLY THE VERSES ARE CANONICAL AND TRACE BACK TO THE TIME OF THE BUDDHA. THESE VERSES ALONE FORM THE FAMOUS DHAMMAPADA, A PART OF THE PALI TIPITAKA OR CANON OF EARLIEST BUDDHIST SCRIPTURES.

THE PROSE TEXT IS THE COMMENTARY OF VEN. BUDDHAGHOSA AN INDIAN MONK WHO TRANSLATED ANCIENT COMMENTARIES ON THE DHAMMAPADA INTO PALI IN THE 5th CENTURY AD. THOSE COMMENTARIES ARE OLDER THAN THE 2nd CENTURY BC AND STRETCH ALL THE WAY INTO THE 3rd AD. WE DO NOT KNOW WHEN AND WHERE THEY EXACTLY STARTED OR HOW THEY WERE CREATED.

---

[1] History of Early Buddhism in Sri Lanka

Dhammapada 39. 126, 165. 183,

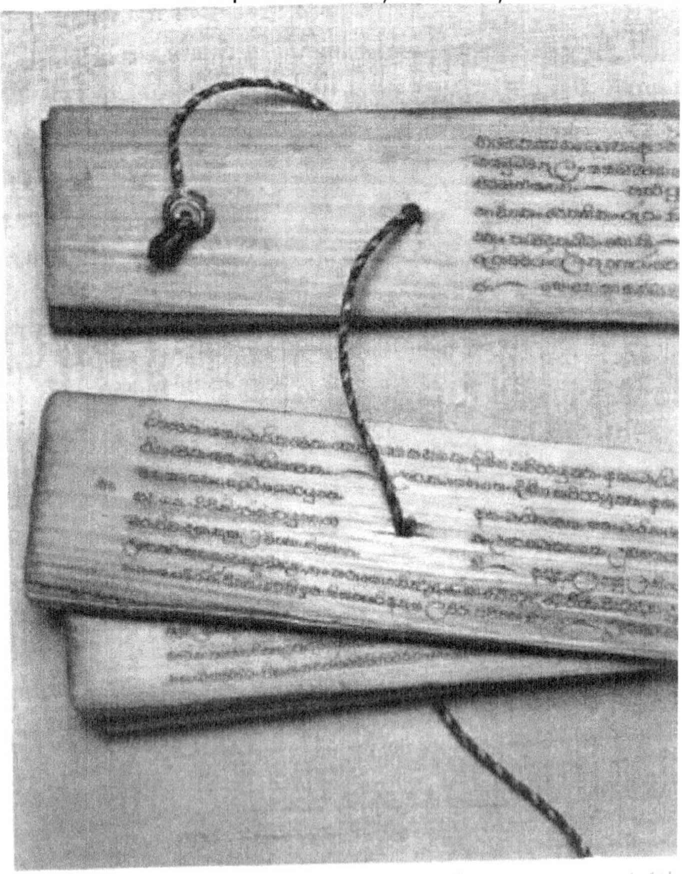

Palm leaf manuscript from Cey,
one volume
Given by the late [illegible]

223

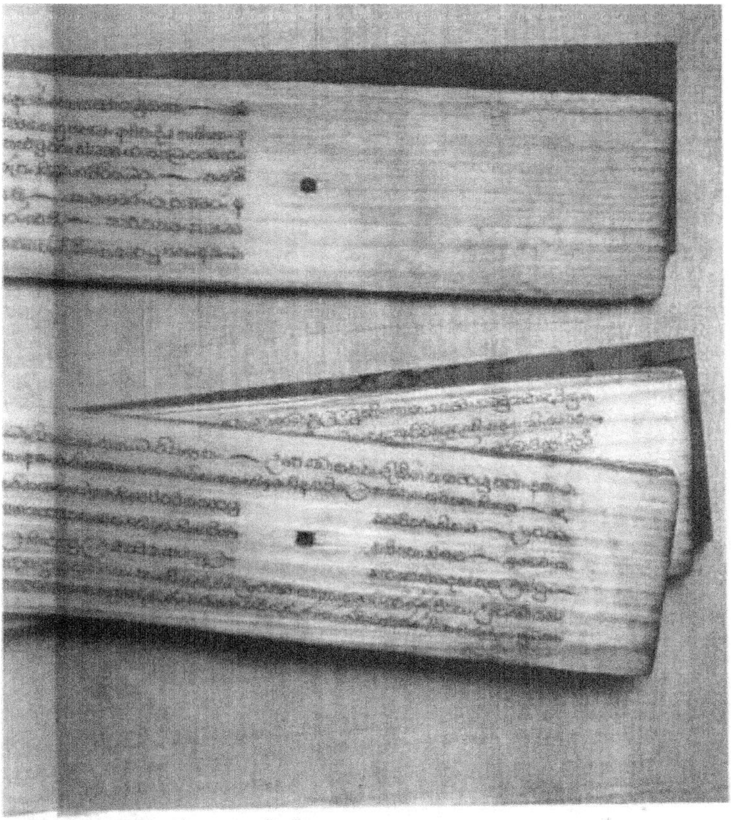

om Ceylon: "The Abhidhamma in brief"
olume 30, page 114
Hewavitarne, of Colombo, to the Editor

Kisa Gotami seeks mustard-seed to cure her dead child

Pali text, in Burmese letters, of Story 13, Book 8, Volume 29
Page 485 of the Burmese edition, described below, page 67 For

the same in Roman letters, see Norman's edition, 2.272.12-

Kisa Gotami seeks mustard-seed to cure her dead child

Pali text, in Sinhalese letters, of Story 13, Book 8, Volume 29
Page 346 of the Sinhalese edition, described below, page 67

For the same in Roman

Namo tassa bhagavato arahato sammāsambuddhassa
Veneration to him the Blessed One, Worthy One, Fully Awakened One

Tipiṭake

In the Tipitaka

Khuddakanikāye
In the Smaller Collection

Dhammpadapāḷi
The Dhammapada text & Buddhaghosa's 5th Century Pali Commentary

the pleasing language of the Sacred Texts.
Gāthānaṃ byañjana-padaṃ,
Whatever in the Stanzas
yaṃ tattha na vibhāvitaṃ.
has not been made clear in the Stanzas themselves,
Kevalaṃ taṃ vibhāvetvā,
all that will I make clear.
sesaṃ tam'eva atthato;
and the meaning of everything als too.
Bhāsantarena bhāsissaṃ,
I will tell in accordance
āvahanto vibhāvinaṃ;
with the spirit of the Stanzas.
Manaso pītipāmojjaṃ,
to the minds of the wise: joy and satisfaction
atthadhamm'ūpanissitan'ti.
thus will I bring regarding the meaning of the Dhamma.

Yamakavaggo
The Pair Chapter

1. Cakkhupāla-tthera-vatthu
The story of the elder Cakkhupala

"Mano-pubbaṅgamā dhammā,
Thought is of all things first
Mano-seṭṭhā mano-mayā;
thought is of all things foremost
thought are all things made
Manasā ce paduṭṭhena,
If with thought corrupt
bhāsati vā karoti vā;
a man speak or act,
Tato naṃ dukkham-anveti,
Suffering follows him,
cakkaṃ'va vahato padan"ti. – Dhp v. 1
even as a wheel follows the hoof of the beast of burden.

Ayaṃ dhammadesanā kattha bhāsitāti? Where was this Dhamma instruction given? **Sāvatthiyaṃ** At Savatthi. **Kaṃ ārabbhāti?** With reference to whom? **Cakkhupālattheraṃ** Cakkhupala the Elder.

Sāvatthiyaṃ At Savatthi, **kira** we are told, **mahā-suvaṇṇo nāma kuṭumbiko ahosi** lived a householder named Great-Wealth, Maha-Suvanna. **aḍḍho** He was rich, **maha-ddhano** possessed of great wealth, **mahā-bhogo** possessed of ample means of enjoyment, **a-putta-ko** but at the same time he was childless. **So eka-divasaṃ** One day **nhāna-titthaṃ nhatvā natvā āgacchanto** as he was on his way home from bathing at a ghat, **antarāmagge** he saw by the roadside **sampannapattasākhaṃ ekaṃ vanappatiṃ disvā** roadside a large forest tree with spreading branches. Thought he, **"ayaṃ mahesakkhāya devatāya pariggahito bhavissatī"ti** "This tree must be tenanted by a powerful tree-spirit." **tassa heṭṭhābhāgaṃ sodhāpetvā** So he caused the ground under the tree to be cleared, **pākāraparikkhepaṃ kārāpetvā** the tree itself to be inclosed with a wall, **vālukaṃ okirāpetvā** and sand to be spread within the inclosure **dhajapaṭākaṃ ussāpetvā** And having decked the tree with flags and banners **vanappatiṃ alaṅkaritvā añjaliṃ karitvā** he made the following vow: **"sace puttaṃ vā dhītaraṃ vā labheyyaṃ,** "Should I obtain a son or a daughter, **tumhākaṃ mahāsakkāraṃ karissāmī"ti** I will pay you great honor." **patthanaṃ katvā pakkāmi.** Having made this wish, he went on his way.

Athassa Now **na cirass'eva** in no long time **bhariyāya** his wife **kucchiyaṃ gabbho patiṭṭhāsi.** conceived a child in her womb. **Sā gabbhassa patiṭṭhita-bhāvaṃ ñatvā** So soon as his wife knew that she was with child, **tassa ārocesi** she informed her husband**. So tassā gabbhassa parihāramadāsi** And he performed the Protection of the Embryo for her**. Sā dasamāsaccayena** On the expiration of ten lunar months **puttaṃ vijāyi** she gave birth to a son**. Taṃ nāma-ggahaṇa-divase seṭṭhi attanā pālitaṃ vana-ppatiṃ nissāya laddhattā** Since the merchant obtained a son by protecting the tree **tassa "Pālo"ti nāmaṃ akāsi** he named his son Protector, Pala**. Sā apara-bhāge aññampi puttaṃ labhi** After a time she obtained a second son**. Tassa "Cūḷapālo"ti nāmaṃ katvā** The younger son he named Protector junior, Culla Pala, **itarassa "Mahāpālo"ti nāmaṃ akāsi** calling the older Protector senior, Maha Pala**. Te**

tasmiṃ nisinna-matte'yeva But so soon as Anathapindika took his seat the Teacher thought to himself: **"ayaṃ seṭṭhi** "This merchant **maṃ arakkhitabbaṭṭhāne rakkhati** protects me where I have no need to be protected**. Ahañhi kappa-satasahassādhikāni cattāri asaṅkhyeyyāni** For I spent four Incalculables and a hundred thousand cycles of time **alaṅkata-paṭiyattaṃ attano sīsaṃ chinditvā** My own gloriously adorned head have I cut off; **akkhīni uppāṭetvā** my eyes have I torn out; **hadayamaṃsaṃ uppāṭetvā** my heart's flesh have I uprooted; **pāṇasamaṃ puttadāraṃ** both son and wife, dear to me as life, **pariccajitvā** have I renounced, **pāramiyo pūrento** fulfilling the Perfections **paresaṃ dhamma-desan'attham-eva pūresiṃ** solely that I might preach the Law to others**. Esa maṃ** This man protects me **arakkhitabba-ṭṭhāne rakkhatī"ti** where I have no need to be protected." **ekaṃ dhamma-desanaṃ kathetiy'eva.** And straightway he preached a sermon on the Law.

Tadā At this time **sāvatthiyaṃ satta manussakoṭiyo vasanti** seven million people dwelt in Savatthi**. Tesu satthu dhamma-kathaṃ sutvā pañca-koṭi-mattā manussā ariyasāvakā jātā** Of these, fifty million became Noble Disciples after hearing the discourse of the Teacher**, dve-koṭi-mattā manussā puthujjanā** but twenty million remained wordlings**. Tesu ariya-sāvakānaṃ dveyeva kiccāni ahesuṃ** The Noble Disciples had two duties: **– purebhattaṃ dānaṃ denti** before breakfast they gave alms**, pacchā-bhattaṃ** after breakfast **gandha-mālādi-hatthā** bearing perfumes and garlands in their hands **vattha-bhesajja-pānakādīni gāhāpetvā dhammassavanatthāya gacchanti** bearing garments, medicaments, and beverages, they went to hear the Law**. Ath'eka-divasaṃ** Now one day

mahāpālo Maha Pala **ariyasāvake** saw the Noble Disciples **gandha-māl'ādi-hatthe vihāraṃ gacchante disvā** going to the monastery with perfumes and garlands in their hands. he saw them, he asked: **"ayaṃ mahājano kuhiṃ gacchatī"ti** "Where is this great throng going?" **pucchitvā "dhamma-ssavanāyā"ti** "To hear the Law." **sutvā "ahampi gamissāmī"ti** "I will go too," said he. **Gantvā** So he went **satthāraṃ vanditvā** paid obeisance to the Teacher **parisapariyante nisīdi** and sat down in the outer circle of the congregation**.**

Buddhā ca nāma dhammaṃ desentā Now when the Buddhas preach the Law, **saraṇa-sīla-pabbajj'ādīnaṃ upanissayaṃ oloketvā** they have regard to the predispositions of their hearers for the Refuges, the Moral Precepts, and Renunciation from the World- **ajjhāsayavasena dhammaṃ desenti** thus they always preach the Law with reference to the disposition of mind of each individual.**, tasmā** When, therefore, **taṃ divasaṃ satthā tassa upanissayaṃ oloketvā dhammaṃ desento** the Teacher preached the Law on that day **anupubbikathaṃ kathesi** And he preached in orderly sequence expounding one subject after another**. Seyyathidaṃ** to wit: **– dānakathaṃ** Almsgiving**, sīlakathaṃ** the Moral Precepts**, saggakathaṃ** Heaven**, kāmānaṃ ādīnavaṃ, okāraṃ saṃkilesaṃ** the evil consequences and folly and defilement of Sensual Pleasures**, nekkhamme ānisaṃsaṃ pakāsesi** and the blessings of Retirement from the World**. Taṃ sutvā mahāpālo kuṭumbiko** Maha Pala the householder listened **cintesi** Thought he **– "paralokaṃ gacchantaṃ** "When a man goes to the next world, **puttadhītaro** neither sons nor daughters **vā bhātaro vā bhogā** nor riches follow him; **vā n'ānugacchanti, sarīram-pi attanā saddhiṃ**

na gacchati, nay, even his own body goes not with him. **kiṃ me** Of what profit is it for me **gharāvāsena** to live the house-life? **pabbajissāmī"ti** I will become a monk." **So desanā-pariyosāne** So at the end of the discourse **satthāraṃ upasaṅkamitvā** discourse he approached the Teacher **pabbajjaṃ yāci** and asked to be received into the Order**. Atha naṃ satthā** The Teacher asked him: **– "atthi te koci āpucchitabba-yuttako ñātī"ti āha** "Have you no kinsman of whom it is proper that you should ask leave?" **"Kaniṭṭhabhātā me atthi, bhante"ti** "Why yes, Venerable Sir, I have a younger brother." **"Tena hi** "Well then, **taṃ āpucchāhī"ti.** ask him." **So** To this Maha Pala agreed, and said **"sādhū"ti** " Very well." **sampaṭicchitvā satthāraṃ vanditvā** So he paid obeisance to the Teacher **gehaṃ gantvā** and went home. **kaniṭṭhaṃ pakkosāpetvā** Summoning his younger brother, he said to him: **– "tāta,** "Dear brother, **yaṃ mayhaṃ imasmiṃ gehe** whatever wealth is in this house, **saviññāṇakampi aviññāṇakampi** whether animate or inanimate, **dhanaṃ kiñci atthi, sabbaṃ taṃ tava bhāro,** all this I give into your hands; **paṭipajjāhi nan"ti.** take possession thereof." **"Tumhe pana kiṃ karissathā"ti** "But you, master?" **āha. "Ahaṃ satthu santike pabbajissāmī"ti.** "I shall enter the Order under the Teacher." **"Kiṃ kathesi bhātika,** "What say you, dear brother? **tvaṃ me mātari matāya** When my mother died, **mātā viya** I gained in you as it were a mother**, pitari mate** when my father died, **pitā viya laddho,** as it were a father. **gehe te mahāvibhavo,** Your house contains great wealth. **sakkā** Surely you can **gehaṃ ajjhāvasanteheva puññāni kātuṃ** do works of merit even though you live the house-life**, mā evaṃ karitthā"ti** Do not so." **"Tāta, ahaṃ satthu dhamma-desanaṃ sutvā** "Dear brother, after hearing the Teacher preach the Law, **gharāvāse**

vasituṃ na sakkomi I can no longer live the life of a householder. **Satthārā hi** For the Teacher **ati-saṇha-sukhumaṃ tilakkhaṇaṃ āropetvā** established the extremely fine and subtle three Characteristics of existing things – **ādi-majjha-pariyosāna-kalyāṇo dhammo desito,** he preached a Law lovely in its beginning, its middle, and its end, **na sakkā** I cannot **so agāramajjhe vasantena pūretuṃ** fulfil the Law amid the cares of the household life**, pabbajissāmi, tātā"ti** I must enter the Order, dear brother." **"Bhātika, taruṇāyeva tāvattha** "Dear brother, now you are young**, mahallaka-kāle** Wait until you are old **pabbajissathā"ti** and then enter the Order"**. "Tāta, mahallakassa** "Dear brother, in the case of an old man, **hi attano hatthapādāpi anassavā honti,** even hands and feet are disobedient **na attano vase vattanti** and answer not to his will**, kimaṅgaṃ pana ñātakā** how much more so his kinsmen?**, svāhaṃ tava kathaṃ na karomi** No, I will not do as you say**, samaṇapaṭipattiṃyeva pūressāmi"** I will fulfill the duties of a monk**.**

"Jarājajjaritā honti, hatthapādā anassavā;
Hands and feet weakened by old age are disobedient;
Yassa so vihatatthāmo,
How shall he whose strength is impaired
kathaṃ dhammaṃ carissati". –
fulfill the Law?

Pabbajissām-ev'āhaṃ, tātā"ti Dear brother, I shall enter the Order (despite all considerations to the contrary.)" **tassa viravantasseva satthu santikaṃ gantvā** In spite of his brother's lamentations Maha Pala went to the Teacher **pabbajjaṃ yācitvā** and asked to be admitted to the Order **laddha-pabbajj'ūpasampado** He was admitted and professed **ācariy'upajjhāyānaṃ santike pañca vassāni**

vasitvā and spent five rainy seasons in residence with teachers and preceptors. **vuṭṭhavasso** When he had completed his fifth residence **pavāretvā** and celebrated the terminal festival, **satthāram-upasaṅkamitvā** he approached the Teacher, **vanditvā** paid obeisance to him, **pucchi** and asked: – **"bhante,** "Venerable Sir, **imasmiṃ sāsane kati dhurānī"ti?** How many Duties are there in this teaching?" **"Ganthadhuraṃ, vipassanādhuranti dveyeva dhurāni bhikkhū"ti.** "Two Duties only, monk: the Duty of Study and the Duty of Insight Meditation." **"Katamaṃ pana, bhante,** "Venerable Sir, what is meant **ganthadhuraṃ,** by the Duty of Study, **katamaṃ vipassanādhuran"ti?** and what is meant by the Duty of Contemplation?" (The Duty of Study necessitates gaining a knowledge of the Word of the Buddha)**"Attano paññ'ānurūpena** in a manner conformable to one's understanding, **ekaṃ vā dve vā nikāye** (gaining) the mastery of one or two Nikayas, **sakalaṃ vā pana tepiṭakaṃ** or indeed of the whole Tipitaka, **buddhavacanaṃ uggaṇhitvā tassa dhāraṇaṃ,** bearing it in mind, **kathanaṃ,** reciting it, **vācanan'ti** teaching it - **idaṃ gantha-dhuraṃ nāma,** this is called the Duty of Study. (On the other hand the Duty of Contemplation which leads to Arahatship) **Sallahuka-vuttino** involves frugal living, **pana panta-senāsan'ābhiratassa** satisfaction with a remote lodging, **attabhāve khayavayaṃ paṭṭhapetvā** fixing firmly in one's mind the idea of decay and disappearance, **sātacca-kiriya-vasena vipassanaṃ vaḍḍhetvā** and the development of Spiritual Insight by persistent effort." **arahatta-ggahaṇan'ti** which leads to Arahatship **idaṃ vipassanādhuraṃ nāmā"ti** this, on the other hand, is the Duty of Contemplation. **"Bhante,** "Sir, **ahaṃ mahallaka-kāle pabbajito** since I became a monk in old age, **gantha-dhuraṃ pūretuṃ na**

sakkhissāmi, I shall not be able to fulfill the Duty of Study **vipassanā-dhuraṃ pana pūressāmi,** But I can fulfill the Duty of Contemplation; **kammaṭṭhānaṃ me kathethā"ti.** teach me a Formula of Meditation."

Athassa satthā So the Teacher **yāva arahattaṃ kammaṭṭhānaṃ kathesi.** taught him a Formula of Meditation leading to Arahatship.

So satthāraṃ vanditvā Then he paid obeisance to the Teacher **attanā sahagāmino bhikkhū pariyesanto** sought monks to accompany him, **saṭṭhi bhikkhū labhitvā** and having obtained sixty **tehi saddhiṃ nikkhamitvā** departed with them. **vīsayojanasatamaggaṃ gantvā** When he had proceeded a distance of twenty leagues **ekaṃ mahantaṃ paccantagāmaṃ patvā** he arrived at a larger border-village **tattha saparivāro** and accompanied by his retinue, **piṇḍāya pāvisi** entered the village for alms**.** **Manussā** The inhabitants **vattasampanne bhikkhū disvā'va** observing that the monks were faithful in the performance of their duties **pasannacittā** were favorably disposed to them **āsanāni paññāpetvā** provided them with seats **nisīdāpetvā paṇītenāhārena parivisitvā** and served them with savory food**,** Then they inquired, **"bhante, kuhiṃ ayyā gacchantī"ti** "Venerable Sirs, whither go the noble monks?" **pucchitvā "yathāphāsukaṭṭhānaṃ upāsakā"ti** "Lay brethren, to a suitable retreat." **vutte paṇḍitā manussā** Then the wise villagers knew within themselves **"vassāvāsaṃ senāsanaṃ pariyesanti bhadantā"ti ñatvā,** "The reverend monks seek lodgings wherein to spend the rainy season." - Said they: **"bhante, sace ayyā** "If the noble monks **imaṃ temāsaṃ idha vaseyyuṃ,** would reside here during these three months, **mayaṃ saraṇesu patiṭṭhāya**

we would abide steadfast in the Refuges **sīlāni gaṇheyyāmā"ti āhaṃsu** and receive the Moral Precepts." **Tepi** The monks, thinking to themselves **"mayaṃ imāni kulāni nissāya** "Through these families **bhavanissaraṇaṃ karissāmā"ti** we shall effect escape from the round of existences," **adhivāsesuṃ** gave their consent.

Manussā The villagers, **tesaṃ paṭiññaṃ gahetvā** having obtained the consent of the monks **vihāraṃ paṭijaggitvā** proceeded to erect a monastery **ratti-ṭṭhāna-divā-ṭṭhānāni sampādetvā** building night-quarters and day-quarters **adaṃsu** and when it was finished, presented it to the monks. **Te** The monks **nibaddhaṃ** resorted regularly **tameva gāmaṃ** to that village only **piṇḍāya pavisanti** for alms. **Atha ne eko vejjo upasaṅkamitvā,** And a certain physician came to them and offered his services, saying: **"bhante, bahūnaṃ vasanaṭṭhāne** "Venerable Sirs, where many reside, **aphāsukampi nāma hoti** disease is inevitable, **tasmiṃ uppanne** Should sickness arise, **mayhaṃ katheyyātha** pray send me word, **bhesajjaṃ karissāmī"ti pavāresi** and I will prescribe remedies for you." **Thero** The Elder, **vassūpanāyikadivase** on the first day of the rainy season when the monks entered upon residence **te bhikkhū āmantetvā** addressing them **pucchi,** he asked this question: **"āvuso,** "Brethren, **imaṃ temāsaṃ katihi iriyāpathehi vītināmessathā"ti?** in how many Postures will you spend these three months?" **"Catūhi, bhante"ti.** "In all Four Postures, Venerable Sir." **"Kiṃ panetaṃ, āvuso, patirūpaṃ,** "But, brethren, is this proper? **nanu appamattehi bhavitabbaṃ"?** Assuredly we must be heedful, **"Mayañhi dharamānakassa buddhassa santikā** for it was from the living Buddha **kammaṭṭhānaṃ gahetvā** that we received our

Formula of Meditation **āgatā** on coming hither**, buddhā ca nāma na sakkā pamādena ārādhetuṃ** and the favor of the Buddhas may not be won by negligence**, kalyāṇ'ajjhāsayena te vo ārādhetabbā** but only by the manifestation of upright intent**. Pamattassa ca nāma cattāro apāyā** Four States of Suffering await whoso is heedless, **sakageha-sadisā** that he may enter therein as into his own habitation**, appamattā hoth'āvuso"ti** Therefore, brethren, be heedful." **"Kiṃ tumhe pana, bhante"ti?** "But you, Venerable Sir?" **"Ahaṃ tīhi iriyā-pathehi vītināmessāmi,** "I shall spend the time in the Three Postures **piṭṭhiṃ na pasāressāmi,** I shall not stretch out my back, **āvuso"ti.** brethren." **"Sādhu, bhante** "Very well, Venerable Sir**, appamattā hothā"ti.** Be heedful."

Atha then **therassa** the Elder **niddaṃ anokkamantassa** who allowed himself no sleep **paṭhama-māse atikkante** after the first month **majjhima-māse sampatte** at the end of the middle month **akkhi-rogo uppajji** began to suffer from an affection of the eyes**. Chidda-ghaṭato** from a broken jar **udaka-dhārā viya** like streams of water **akkhīhi** from his eyes **assudhārā paggharanti** trickled streams of tears**. So sabba-rattiṃ** All night long he **samaṇa-dhammaṃ katvā** devoted himself to meditation **aruṇuggamane** and with the coming of dawn **gabbhaṃ pavisitvā** entered his cell **nisīdi** and sat down**. Bhikkhū bhikkh'ācāra-velāya** When it was time for the monks to go the rounds for alms **therassa santikaṃ gantvā,** they came to the Elder **"bhikkhācāravelā, bhante"ti āhaṃsu** and said to him, " Sir, it is time for us to go the rounds for alms."**. "Tena hi,** "Very well, **āvuso,** brethren **gaṇhatha** take **patta-cīvaran"ti** bowl and robe." **Attano pattacīvaraṃ gāhāpetvā** Having thus directed them to take their own bowls and robes,- **nikkhami** he himself set out. **Bhikkhū tassa akkhīhi** The monks observed that his eyes **assūni paggharante disvā** were running and, **"kimetaṃ,** What is the matter **bhante"ti** Sir?" **pucchiṃsu** asked him. **"Akkhīni me, āvuso, vātā vijjhantī"ti.** "The wind cuts my eyes, brethren." **"Nanu, bhante, vejjena pavāritamhā** "Were we not, Sir, offered the services of a physician, **tassa kathemā"ti.** We will inform him. **"Sādhāvuso"ti** "Very well, [10] brethren." **te vejjassa kathayiṃsu** They informed the physician. **So telaṃ pacitvā** who prepared an ointment **pesesi** and sent it to the Elder. **Thero** The Elder **nāsāya telaṃ āsiñcanto** applied the oil to his nose **nisinnako'va āsiñcitvā** remaining seated as he did so **antogāmaṃ pāvisi** and then entered the village. **Vejjo** The physician **taṃ disvā** seeing him **āha** said to him – **"bhante, ayyassa kira akkhīni vāto vijjhatī"ti** "Sir, they say that the wind hurts your venerable's eyes."**? "Āma, upāsakā"ti.** "That is true, lay disciple." **"Bhante,** "Sir, **mayā telaṃ pacitvā** an ointment which I prepared **pesitaṃ,** and sent **nāsāya vo telaṃ āsittan"ti** did you apply to your nose that ointment**? "Āma, upāsakā"ti.** "Yes, lay disciple." **"Idāni kīdisan"ti?** "How do you feel now?" **"Rujjateva upāsakā"ti.** "The pain continues just the same, lay disciple." **Vejjo** The physician **"mayā eka-vāreneva vūpasamana-samatthaṃ telaṃ pahitaṃ** "The ointment which I sent him should have cured him with only one application, **kiṃ nu kho** How is it that **rogo** the sickness **na vūpasanto"ti** is not stilled?" **cintetvā** thought to himself, **"bhante, nisīditvā** "Were you seated **vo telaṃ āsittaṃ** when you applied the ointment, **nipajjitvā"ti** or were you lying down?" **pucchi** he asked the Elder. **Thero tuṇhī ahosi** The Elder remained silent, **punappunaṃ**

pucchiyamānopi Though the physician repeated the question several times **na kathesi** he answered not a word**. So "vihāraṃ gantvā** "I will go to the monastery **therassa vasana-ṭṭhānaṃ olokessāmī"ti** and have a look at his cell." **cintetvā** the physician thought to himself. **– "tena hi, bhante, gacchathā"ti** "That will do, Sir, you may go." **theraṃ vissajjetvā** and he dismissed the Elder **vihāraṃ gantvā** And going to the monastery **therassa vasanaṭṭhānaṃ olokento** he inspected the Elder's cell. **caṅkamana-nisīdana-ṭṭhānam-eva disvā** Seeing only a place to walk and a place to sit down **sayanaṭṭhānaṃ adisvā,** but no place to lie down, **"bhante** Sir**, nisinnehi vo** were you seated **āsittaṃ,** when you applied the ointment, **nipannehī"ti** or were you lying down?" **pucchi** he asked the Elder**. Thero tuṇhī ahosi.** The Elder remained silent. **"Mā, bhante,** "Sir, do not **evaṃ karittha** act in this way; **samaṇadhammo** the duties of a religious **nāma sarīraṃ yāpentena sakkā kātuṃ** can be performed only so long as the body is properly cared for **nipajjitvā āsiñcathā"ti** having laid down apply the ointment" **punappunaṃ yāci.** he begged again and again. **"Gaccha tvaṃ tāv'āvuso** "Go your way, brother; **mantetvā jānissāmī"ti** I will take counsel and decide the matter." **vejjaṃ uyyojesi** so he sent the physician away. **Therassa ca tattha** Now the Elder had there **neva ñātī** neither kinsmen**, na sālohitā atthi,** nor blood-relatives. **tena saddhiṃ** With whom, **manteyya?** therefore, was he to take counsel? **Karajakāyena pana saddhiṃ mantento** Therefore he took counsel with his own person, saying **"vadehi tāva, āvuso pālita,** "Tell me this now, brother Palita, **tvaṃ kiṃ akkhīni olokessasi,** Will you observe your eyes **udāhu buddhasāsanaṃ?** or the Dispensation of the

Buddha? **Anamataggasmiñ-hi saṃsāra-vaṭṭe** For in the round of existences without conceivable beginning, **tava akkhikāṇassa** you having been without eyes **gaṇanā nāma natthi,** there is no counting the number of times **anekāni pana buddhasatāni** But while unnumbered hundreds of Buddhas **buddhasahassāni** and thousands of Buddhas **atītāni** have passed, **Tesu te ekabuddhopi na pariciṇṇo** your experience does not cover the period of even a single Buddha**, idāni imaṃ antovassaṃ** Now in this rainy season **tayo māse na nipajjissāmīti** not to lie down for three months **temāsaṃ nibaddha-vīriyaṃ karissāmi** you resolved for three months**. Tasmā** Therefore **te cakkhūni** let your eyes **nassantu** perish **vā bhijjantu vā,** or decay. **Buddha-sāsanam-eva dhārehi,** Keep only the Law of the Buddha, **mā cakkhūnī''ti** not your eyes." **bhūtakāyaṃ ovadanto** And admonishing his own physical body, **imā gāthāyo** the following Stanzas **abhāsi –** he uttered:

"Cakkhūni hāyantu mamāyitāni,
My eyes perish
Sotāni hāyantu tatheva kāyo;
my ears perish, so also my body,
Sabbam-p'idaṃ hāyatu deha-nissitaṃ,
All that has to do with my body perishes
Kiṃ kāraṇā, pālita, tvaṃ pamajjasi.
Why, Palita, you continue heedless?
"Cakkhūni jīrantu mamāyitāni,
My eyes wear out
Sotāni jīrantu, that'eva kāyo;
my ears wear out, so also my body,
Sabbam-p'idaṃ jīratu dehanissitaṃ,
All that has to do with my body wears out
Kiṃ kāraṇā pālita tvaṃ pamajjasi.

Why, Palita, you continue heedless?
"Cakkhūni bhijjantu mamāyitāni,
My eyes will break,
Sotāni bhijjantu that'eva kāyo;
my ears will break, so also my body,
Sabbam-p'idaṃ bhijjatu dehanissitaṃ,
All that has to do with my body will break
Kiṃ kāraṇā pālita tvaṃ pamajjasī"ti.
Why, Palita, you continue heedless?

Evaṃ Thus **tīhi gāthāhi** with three Stanzas **attano ovādaṃ datvā** having admonished himself **nisinnako'va** remaining seated as before **natthukammaṃ katvā** he applied the ointment to his nose **gāmaṃ piṇḍāya pāvisi** and then entered the village for alms**. Vejjo** The physician, **taṃ disvā** seeing him **"kiṃ,** have you **bhante,** Sir, **natthukammaṃ katan"ti** applied the ointment to your nose?" **pucchi** he asked him**. "Āma,** "Yes, **upāsakā"ti** lay disciple." **"Kīdisaṃ, bhante"ti?** "How do you feel, Sir?" **"Rujjat'** "The pain continues **eva** just the same, **upāsakā"ti** lay disciple." **"Nisīditvā vo, bhante,** Sir, were you seated **natthukammaṃ kataṃ,** when you applied the ointment, **nipajjitvā"ti** or were you lying down?" **Thero** The Elder **tuṇhī ahosi** remained silent. **punappunaṃ pucchiyamāno pi** The physician repeated the question several times, **na kiñci kathesi** but the Elder answered never a word. **Atha** Then **naṃ** to him **vejjo** the physician said **"bhante, tumhe** "You **sappāyaṃ na karotha,** are not doing as you ought for your own good **ajjato paṭṭhāya** Henceforth **'asukena me telaṃ pakka'nti** 'So and So prepared ointment for me' **mā vadittha** do not mention**, ahampi** and I **'mayā vo telaṃ pakka'nti** 'I prepared ointment for you.'" **na vakkhāmī"ti** will not say such **āha** he said**. So vejjena paccakkhāto**

Given up by the physician **vihāraṃ gantvā** the Elder went to the monastery **tvaṃ vejjenā pi paccakkhāto'si,** "though you have been given up by the physician **iriyāpathaṃ mā vissajji** do not give up your Posture Meditation **samaṇāti** o ascetic"**.**

"Paṭikkhitto tikicchāya,
You are given up as incurable
Vejjenā pi vivajjito;
You are abandoned by your physician
Niyato maccurājassa,
Destined to the King of Death
kiṃ pālita pamajjasī"ti. –
Why, Palita, are you heedless?

Imāya gāthāya in this Stanza **attānaṃ ovaditvā** having admonished himself **samaṇadhammaṃ akāsi** he resumed his meditations**. Ath'assa majjhima-yāme atikkante** At the end of the middle watch **apubbaṃ acarimaṃ akkhīni ceva kilesā ca bhijjiṃsu** his eyes and his defilements broke simultaneously**. So** and he **sukkha-vipassako arahā hutvā** became an Arahat through dry insight **gabbhaṃ pavisitvā nisīdi** He entered his cell and sat down**.**

Bhikkhū bhikkhācāravelāya āgantvā When the time came for the beggar-monks to go the rounds for alms,**"bhikkhācārakālo,** "It is time for us to go the rounds for alms **bhante"ti** Sir", **āhaṃsu** they came to the Elder and said to him**. "Kālo,** "Is it time, **āvuso"ti?** brethren?" **"Āma, bhante"ti.** "Yes, Sir." **"Tena hi** "Well then, **gacchathā"ti.** go your way." **"Kiṃ tumhe pana,**"But you, **bhante"ti?** Sir?" **"Akkhīni me,** "The sight of my eyes **āvuso, parihīnānī"ti** is gone, brethren."**. Te tassa akkhīni**

oloketvā They looked at his eyes, **assupuṇṇanettā hutvā** and their own eyes filled with tears **, "bhante, mā cintayittha,** "Do not worry, Sir; **mayaṃ** we **vo paṭijaggissāmā"ti** will look after you," **theraṃ samassāsetvā** said they to the Elder, comforting him **kattabba-yuttakaṃ vatta-paṭivattaṃ katvā** And having performed the various duties required of them, **gāmaṃ piṇḍāya pavisiṃsu.** they entered the village for alms. **Manussā** people **theraṃ adisvā,** not seeing the Elder, **"bhante,** "Venerable Sirs, **amhākaṃ ayyo kuhin"ti** where is our noble Elder?" **pucchitvā** asked the monks, **taṃ pavattiṃ sutvā** When they learned what had happened, **yāguṃ pesetvā** they sent rice-porridge to him **sayaṃ piṇḍapātam-ādāya gantvā** Afterwards, taking food, they went in person, **theraṃ vanditvā** paid obeisance to the Elder, **pāda-mūle** and before his feet **parivattamānā** rolling on the ground **roditvā** they cried**, "bhante, mayaṃ vo paṭijaggissāma,** Then they saying, "We will care for you, Sir," **tumhe mā cintayitthā"ti** do not worry," **samassāsetvā pakkamiṃsu** they comforted him, and went their way.

Tato paṭṭhāya From that time on **nibaddhaṃ** regularly **yāgu-bhattaṃ** rice-porridge **vihāram'eva pesenti** they sent to the monastery**. Thero pi** The Elder too **itare saṭṭhi bhikkhū nirantaraṃ ovadati** constantly admonished the other sixty monks**. Te tass'ovāde ṭhatvā** and they carried out his admonitions **upakaṭṭhāya pavāraṇāya** that at the next Pavarana **sabbe'va saha paṭisambhidāhi arahattaṃ pāpuṇiṃsu** all of them became Arahats possessed of the Faculties of penetrating wisdom**. Te vuṭṭha-vassā** At the end of the rainy season, **ca pana satthāraṃ daṭṭhukāmā hutvā** desiring to see the Teacher, **theram-āhaṃsu,** they said to the Elder **"bhante, satthāraṃ daṭṭhu-kāmamhā"ti** Sir, we desire to see the Teacher." **Thero** When the Elder **tesaṃ vacanaṃ sutvā** heard their request **cintesi** he thought to himself – **"ahaṃ dubbalo,** "I am weak, **antarāmagge ca** and on the way **amanussa-pariggahitā aṭavī atthi** is a forest haunted by evil spirits**, mayi etehi saddhiṃ gacchante** If I go with them, **sabbe kilamissanti,** all will become weary **bhikkham-pi labhituṃ na sakkhissanti** and will be unable to obtain alms**, ime puretaram'eva pesessāmī"ti** I will send them on ahead." **Atha** So **ne** to them **āha** he said – **"āvuso,** "Brethren, **tumhe purato gacchathā"ti.** you go on ahead." **"Tumhe pana bhante"ti?** "But you, Sir?" **"Ahaṃ dubbalo,** "I am weak, **antarāmagge ca amanussapariggahitā aṭavī atthi** and on the way is a forest haunted by evil spirits**, mayi tumhehi saddhiṃ gacchante** If I go with you, **sabbe kilamissatha** you will all become weary; **tumhe purato gacchathā"ti** therefore you go on ahead." **"Mā, bhante, evaṃ karittha,** "Do not so, Sir; **mayaṃ tumhehi saddhiṃyeva gamissāmā"ti** we will go only with you." **"Mā vo, āvuso, evaṃ ruccittha,**"Brethren, please do not do so; **evaṃ sante** if you do so, **mayhaṃ aphāsukaṃ bhavissati,** it will be hard on me. **mayhaṃ kaniṭṭho** When my younger brother **pana tumhe disvā** sees you **pucchissati,** and asks after me, **atha'ssa mama cakkhūnaṃ parihīna-bhāvaṃ** that I have lost the sight of my eyes **āroceyyātha** tell him **, so mayhaṃ santikaṃ kañci-d-eva pahiṇissati** and he will send someone to me**, tena saddhiṃ āgacchissāmi** with that one I will come**, tumhe mama vacanena dasabalañca** Greet in my name the Possessor of the Ten Forces (the Buddha)

asītimahāthere ca vandathā"ti and the eighty Chief Elders **te uyyojesi** So saying, he dismissed them.

Te theraṃ khamāpetvā They begged the Elder to pardon them **antogāmaṃ pavisiṃsu** and entered the village for alms. **Manussā te disvā nisīdāpetvā** The villagers provided them with seats, **bhikkhaṃ datvā** presented them with alms, (and asked them) **"kiṃ, bhante,** Sirs, **ayyānaṃ gaman'ākāro paññāyatī"ti?** may we know why the noble monks are leaving?" **"Āma, upāsakā,** "Yes, lay disciples, **satthāraṃ daṭṭhu-kāmamhā"ti.** we desire to see the Teacher." **Te** The villagers **punappunaṃ** repeatedly **yācitvā** begged the monks to remain, **tesaṃ gamana-chandam'eva ñatvā** but finding that they were firm in their determination to go, **anugantvā** accompanied them on their way **paridevitvā nivattiṃsu** weeping, and then turned back. **Te pi anupubbena** After journeying from place to place, **Jetavanaṃ gantvā** the monks arrived at Jetavana **satthārañca** and greeted the Teacher **asītimahāthere ca therassa vacanena vanditvā** and the eighty Chief Elders in the name of the Elder. **punadivase** The next day, **yattha therassa kaniṭṭho vasati** where lived the Elder's younger brother, **taṃ vīthiṃ** that street **piṇḍāya pavisiṃsu** they entered for alms. **Kuṭumbiko te sañjānitvā** The householder recognized them **nisīdāpetvā** , received them cordially, provided them with seats, and asked them, **katapaṭisanthāro "bhātikatthero me, bhante, kuhin"ti pucchi** "Where is my dear brother the Elder, Sirs?" **Athassa te taṃ pavattiṃ ārocesuṃ** They told him what had happened. **So taṃ sutvāva** When he had heard it **tesaṃ pādamūle**

parivattento roditvā pucchi – he flung himself at their feet, he rolled on the ground and wept, asking **"idāni,** "Now, **bhante,** brethren, **kiṃ** what **kātabban"ti?** is to be done?" **"Thero ito kassaci āgamanaṃ paccāsīsati,** "The Elder wishes to have someone come from here, **tassa gatakāle tena saddhiṃ āgamissatī"ti** that he may return with him.". **"Ayaṃ me, bhante, bhāgineyyo pālito nāma,** "Brethren, here is my sister's son Palita **etaṃ pesethā"ti.** Send him." **"Evaṃ pesetuṃ na sakkā,** "It will never do to send him, **magge paripantho atthi** for there is danger by the way**, taṃ pabbājetvā** after first receiving him into the Order **pesetuṃ vaṭṭatī"ti** we might, however, send him." **"Evaṃ katvā** "Do so **pesetha,** and send him, **bhante"ti.** brethren." **Atha naṃ pabbājetvā** So they received him into the Order **aḍḍha-māsa-mattaṃ patta-cīvara-ggahaṇ'ādīni sikkhāpetvā** and for a fortnight instructed him in such matters as the proper manner of putting on the robe **maggaṃ ācikkhitvā** Then, showing him the way, **pahiṇiṃsu** they sent him forth**.**

So anupubbena After journeying from place to place, **taṃ gāmaṃ patvā** he arrived at the village **gāmadvāre ekaṃ mahallakaṃ disvā** Seeing an old man at the village gate, **"imaṃ gāmaṃ nissāya** near this village **koci āraññako vihāro atthī"ti**" Is there any forest hermitage ?"**pucchi** he asked**. "Atthi, bhante"ti.** "There is, Sir." **"Ko nāma tattha vasatī"ti?** "Who lives there?" **"Pālitatthero nāma, bhante"ti.** "An Elder named Palita, Sir." **"Maggaṃ me ācikkhathā"ti.** "Show me the way there." **"Kosi tvaṃ, bhante"ti?** "Who are you, Sir?" **"Therassa bhāgineyyo'mhī"ti.** "I am the son of the Elder's sister." **Atha naṃ gahetvā** So the old man took him **vihāraṃ nesi**

and led him to the hermitage. **So theraṃ vanditvā** He paid obeisance to the Elder **aḍḍha-māsa-mattaṃ vatta-paṭivattaṃ katvā** and for a fortnight performed the major and minor duties for him **theraṃ sammā paṭijaggitvā** ministering to him faithfully, Then he said to him **"bhante,** Sir, **mātulakuṭumbiko** the householder my mother's brother **me tumhākaṃ āgamanaṃ paccāsīsati,** desires to have you come to him **etha, gacchāmā"ti** Let us go thither **āha. "Tena hi** "Very well, **imaṃ me** of this my **yaṭṭhi-koṭiṃ** staff **gaṇhāhī"ti.** take hold." **So yaṭṭhikoṭiṃ gahetvā** Taking hold of the staff by the tip **therena saddhiṃ antogāmaṃ pāvisi** he entered the village with the Elder. **Manussā theraṃ nisīdāpetvā** The villagers provided the Elder with a seat and asked him, **"kiṃ, bhante, gamanākāro vo paññāyatī"ti** Sir, may we know your purpose in going?" **pucchiṃsu. "Āma,** Yes, **upāsakā,** lay disciples, **gantvā satthāraṃ vandissāmī"ti.** I am going to pay my respects to the Teacher." **Te nānappakārena yācitvā** The villagers sought by all means in their power to persuade them to remain **alabhantā theraṃ uyyojetvā** but failing in their efforts, **upaḍḍhapathaṃ gantvā** escorted them part of the way, **roditvā nivattiṃsu** and then turned back weeping. **Sāmaṇero theraṃ yaṭṭhikoṭiyā ādāya gacchanto antarāmagge** When the novice had gone part of the way with the Elder, holding the tip of the Elder's staff, **aṭaviyaṃ kaṭṭha-nagaraṃ nāma** at a forest village named Katthanagara at **therena upanissāya vuṭṭha-pubbaṃ gāmaṃ** which the Elder formerly resided **sampāpuṇi** he arrived, **so gāmato nikkhamitvā** as the novice came out of the village, **araññe** in the forest **gītaṃ gāyitvā** he heard the song of a woman singing **dārūni uddharantiyā** while collecting firewood

ekissā itthiyā gītasaddaṃ sutvā As he heard the voice of her song, **sare nimittaṃ gaṇhi** he focused on her sound**. Itthisaddo viya hi añño saddo** (There is no sound to be compared with a woman's voice **purisānaṃ sakala-sarīraṃ pharitvā** for power to thrill a man's whole frame **ṭhātuṃ samattho nāma natthi. Tenāha bhagavā –** Therefore said the Exalted One:

"N'āhaṃ, bhikkhave, "Monks, I **aññaṃ** of no other **eka-saddam pi** single sound **samanupassāmi** know **yaṃ** which **evaṃ purisassa cittaṃ** of the heart of a man **pariyādāya tiṭṭhati,** so completely takes possession **yathayidaṃ,** as this, **bhikkhave,** monks: **itthisaddo"ti (AN. 1.2)** namely, a woman's voice."**.**

Sāmaṇero The novice, **tattha nimittaṃ gahetvā** fascinated by her voice **yaṭṭhikoṭiṃ vissajjetvā** let go his hold of the Elder's staff. Said he **"tiṭṭhatha tāva, bhante,** "Wait just a moment, Sir, **kiccaṃ me atthī"ti** I have something I need to do" **tassā santikaṃ gato** He went in the direction of the woman**. Sā taṃ disvā** When she saw him, **tuṇhī ahosi** she became silent. **So tāya saddhiṃ sīla-vipattiṃ pāpuṇi** He, together with her, incurred a breaking of his chastity**. Thero cintesi** The Elder thought to himself **– "idān'eva eko gītasaddo suyyittha** "Just now I heard the sound of someone singing**. So ca kho itthiyā saddo chijji** and it was none other than a woman's voice**, sāmaṇero pi cirāyati** The novice tarries**, so tāya saddhiṃ sīlavipattiṃ patto bhavissatī"ti** he must have violated the law of chastity." **So pi attano kiccaṃ niṭṭhāpetvā** When the novice had finished his business, **āgantvā** he returned to the Elder and said, **"gacchāma, bhante"ti** "Come, Sir, let us be off."

āha. Atha naṃ thero pucchi But the Elder asked him, – **"pāpo jāto'si** Have you committed evil, **sāmaṇerā"ti.** Novice?" **So tuṇhī hutvā** The novice remained silent, **therena punappunaṃ puṭṭho-pi** and though questioned repeatedly by the elder, **na kiñci kathesi** did not say anything**. Atha naṃ thero āha** Then said the Elder to him **– "tādisena pāpena** "An evil-doer like you **mama yaṭṭhi-koṭi-ggahaṇa-kiccaṃ natthī"ti.** can never hold the tip of my staff." **So** The novice, **saṃvega-ppatto** overwhelmed with remorse, **kāsāyāni apanetvā** removed his yellow robes, **gihi-niyāmena paridahitvā,** clothed himself in the garb of a householder, and said: **"bhante,** Sir, **ahaṃ pubbe sāmaṇero,** before I was a novice; **idāni** now **pana'mhi gihī jāto** I have become a layman again**, pabbajanto'pi ca sv'āhaṃ na saddhāya pabbajito** It was not through faith that I became a monk**, magga-paripantha-bhayena pabbajito** but because I feared the dangers of the journey**, etha gacchāmā"ti āha** Come, let us be off." The Elder replied, **"Āvuso, gihi-pāpo-pi samaṇa-pāpo-pi pāpo'y'eva,** "An evildoer is an evildoer, be he layman or be he novice. **tvaṃ samaṇa-bhāve ṭhatvāpi sīla-mattaṃ pūretuṃ n'āsakkhi** While you were a novice, you were unable to keep the law of chastity**, gihī hutvā kiṃ nāma kalyāṇaṃ karissasi** What better will you do having become a layman? **tādisena pāpena mama yaṭṭhikoṭiggahaṇakiccaṃ natthī"ti āha.** An evil-doer like you can never hold the tip of my staff." **"Bhante, amanuss'upaddavo maggo** Sir, the road is infested with inhumans**, tumhe ca andhā** and you are blind **apariṇāyakā,** without guidance **kathaṃ idha vasissathā"ti?** How can you remain here?" **Atha naṃ thero,** The Elder answered, **"āvuso,**"Brother, **tvaṃ mā evaṃ cintayi,** don't worry about that **idh'eva me nipajjitvā marantassā'pi** No matter whether I lie down right here and die, **aparā'paraṃ parivattantassā'pi** or wander hither and thither, **tayā saddhiṃ gamanaṃ nāma natthī"ti** with you I will never go." **vatvā imā gāthā abhāsi** So saying, he pronounced the following Stanzas –

"Hand'āhaṃ hata-cakkhu'smi,
Alas! I have lost the sight of my eyes;
kantār'addhānam-āgato;
a weary way have I come;
Seyyamāno na gacchāmi,
I will lie down and go no farther;
N'atthi bāle sahāyatā.
with a fool no fellowship may be.
"Hand'āhaṃ hata-cakkhu'smi,
Alas! I have lost the sight of my eyes;
kantār'addhānam-āgato;
a weary way have I come;
Marissāmi no gamissāmi,
I shall die; I will go no farther;
natthi bāle sahāyatā"ti.
with a fool no fellowship may be.

Taṃ sutvā When the novice heard this, **itaro saṃvegajāto** he was even further overwhelmed with remorse and he cried out, **"bhāriyaṃ** "A grievous (evil) **vata** indeed **me sāhasikaṃ an-anucchavikaṃ kammaṃ katan"ti** have I committed, a deed of impulse and impropriety!" **bāhā paggayha** And wringing his hands **kandanto** and weeping, **vana-saṇḍaṃ pakkhanditvā** he plunged into the forest **tathā pakkantova ahosi** and made off. **Therassā'pi sīla-tejena** By the power of the Elder's virtue **saṭṭhi-yojanā-yāmaṃ** the sixty leagues long, **paññāsa-yojana-vitthataṃ**

fifty leagues wide, **pannarasa-yojana-bahalaṃ** fifteen leagues thick, **jaya-sumana-puppha-vaṇṇaṃ** of the color of the Jayasumana flower, **nisīdan'uṭṭhahana-kālesu onaman'unnaman-apakatikaṃ** which has a way of lowering itself when Sakka sits down and of rising again when he stands up, **sakkassa deva-rañño paṇḍu-kambala-silāsanaṃ** the Yellowstone Throne of Sakka king of gods **uṇh'ākāraṃ dassesi** manifested signs of heat**. Sakko** Thought Sakka **"ko nu kho** "Who, pray, **maṃ ṭhānā cāvetu-kāmo"ti** can be seeking to thrust me from my seat?" **olokento** Surveying (the world) **dibbena cakkhunā** with Supernatural Vision, **theraṃ addasa** he saw the Elder**. Ten'āhu porāṇā –** Therefore said the masters of old time:

"Sahassa-netto dev'indo,
The king of gods, possessing a thousand eyes,
Dibba-cakkhuṃ visodhayi;
purified the Divine Eye;
Pāpagarahī ayaṃ pālo,
This evil-abhorring Pala
ājīvaṃ parisodhayi.
purified his life.
"Sahassanetto devindo,
The king of the gods, possessing a thousand eyes,
dibbacakkhuṃ visodhayi;
purified the Divine Eye;
Dhammagaruko ayaṃ pālo,
This Pala, reverer of the Law,
nisinno sāsane rato"ti.
sat delighting in the message (of the Buddha).

Athassa etadahosi Then this thought occurred to him, **– "sac'āhaṃ** If I **eva-rūpassa pāpagarahino** such an evil-abhorring, **dhammagarukassa**

ayyassa Law-revering Elder **santikaṃ na gamissāmi,** "should fail to go to assist **muddhā me** my head **sattadhā phaleyya** is likely to split into seven pieces**, gamissāmi tassa santikan"ti.** I will go to him." **Tato** – And so

"Sahassanetto devindo,
The king of the gods, possessed of a thousand eyes,
Deva-rajja-sirindharo;
bearing majestic sway over the gods
Taṅkhaṇena āgantvāna,
In a single instant approaching,
cakkhupālamupāgami". –
approached Cakkhupala

Upagantvā ca pana therassa Accordingly Sakka approached the Elder **avidūre** When he was quite near him **pada-saddam-akāsi** he shuffled his feet. **Atha naṃ thero pucchi** asked the Elder – **"ko eso"ti?** "Who is that?" **"Ahaṃ,** "It is I, **bhante,** Sir, **addhiko"ti.** a traveler." **"Kuhiṃ yāsi** "Where are you going, **upāsakā"ti ?** lay disciple?" **"Sāvatthiyaṃ, bhante"ti.** "To Savatthi, Sir." **"Yāhi, āvuso"ti.** "Continue your journey, brother." **"Ayyo pana, bhante,** "But, Sir, **kuhiṃ gamissatī"ti?** where are you going?" **"Aham-pi tatth'eva gamissāmī"ti.** I am going there too." **"Tena hi** "Well then, **ekato'va gacchāma, bhante"ti.** let us go together, Sir." **"Ahaṃ, āvuso, dubbalo,** "I am weak, brother. **mayā saddhiṃ gacchantassa tava papañco bhavissatī"ti.** If you go with me, you will be delayed." **"Mayhaṃ accāyikaṃ n'atthi,** "I have no urgent business. **Aham-pi ayyena saddhiṃ gacchanto** Besides, if I go with you, **dasasu puñña-kiriya-vatthūsu ekaṃ labhissāmi** I can avail myself of one of the ten ways and means of acquiring merit, **ekatova gacchāma, bhante"ti** Let us go together, Sir.". **Thero** The Elder **"eso sappuriso bhavissatī"ti** "This is without doubt some pious man." **cintetvā** thought to himself,– **"tena hi saddhiṃ gamissāmi,** So he said to him, "Very well, **yaṭṭhikoṭiṃ gaṇha upāsakā"ti āha.** take hold of the tip of my staff, lay brother." **Sakko tathā katvā** Sakka did so **pathaviṃ saṅkhipanto** And Sakka shortened the distance **sāyanha-samaye jetavanaṃ sampāpesi** so that they arrived at Jetavana at eventide. **Thero** The Elder, **saṅkha-paṇa-vādi-saddaṃ sutvā** hearing the noise of trumpets, drums, and other instruments of music, asked, **"katth'eso saddo"ti?** "Where is that noise?" **pucchi. "Sāvatthiyaṃ, bhante"ti** "At Savatthi, Sir." **"Pubbe mayaṃ gamanakāle** "When I came here before, **cirena gamimhā"ti.** we were a long time in coming." **"Ahaṃ ujumaggaṃ jānāmi,** "I know a short cut, **bhante"ti.** Sir." **Tasmiṃ khaṇe thero** At that moment the Elder: **"n'āyaṃ manusso,** "This is no human being; **devatā bhavissatī"ti** it must be a divinity." **sallakkhesi** he realized.

"Sahassanetto devindo,
The king of the gods, possessed of a thousand eyes,
Deva-rajja-sirindharo;
bearing majestic sway over the gods
Saṅkhipitvāna taṃ maggaṃ,
Shortening the distance,
khippaṃ sāvatthim-āgamī"ti.
came quickly to Savatthi.

So theraṃ netvā Sakka conducted the Elder (to a hut) **therass'ev'atthāya** which for his express use **kaniṭṭha-kuṭumbikena kāritaṃ** his younger brother had made **paṇṇasālaṃ netvā** to a hut of leaves and grass, **phalake nisīdāpetvā** seated him on a couch, **piya-sahāyaka-vaṇṇena tassa santikaṃ gantvā,** and then, disguising himself as a dear friend of the younger brother, went to summon the brother. **"samma, cūḷapālā"ti pakkosi.** "Friend Little Pala!" he called out. **"Kiṃ, sammā"ti?** "What is it, friend?" **"Therass'āgata-bhāvaṃ jānāsī"ti?** "Do you know that the Elder has arrived?" **"Na jānāmi, kiṃ pana thero āgato"ti?** "No; is it true that the Elder has arrived?" **"Āma, samma,** "Yes, friend, **idāni ahaṃ vihāraṃ gantvā** I have just returned from the hermitage, **theraṃ** and saw the Elder **tayā kārita-paṇṇa-sālāya nisinnakaṃ disvā āgatomhī"ti** seated in the hut of leaves and grass you built for him." **vatvā pakkāmi** So saying, he departed**. Kuṭumbiko-pi vihāraṃ gantvā** The householder went to the hermitage **theraṃ disvā** When he saw the Elder, **pāda-mūle** he flung himself at his feet, **parivattanto roditvā** rolled on the ground, and wept. Then he said, **"idaṃ disvā ahaṃ, bhante,** "I knew this would happen, Sir **tumhākaṃ pabbajituṃ n'ādāsin"ti** It was for this reason that I withheld from you my permission to become a monk." **ādīni vatvā** After talking with him for some time, **dve dāsa-dārake bhujisse katvā** he freed two slave-boys, **therassa santike pabbājetvā** had the Elder receive them into the Order, and committed him to their care, saying, **"antogāmato yāgubhattādīni āharitvā theraṃ upaṭṭhahathā"ti paṭiyādesi.** "Bring rice-porridge and other kinds of food from the village and minister to the Elder." **Sāmaṇerā vatta-paṭivattaṃ katvā** The novices ministered to the Elder, **theraṃ upaṭṭhahiṃsu** performing the major and minor duties faithfully**.**

Ath'eka-divasaṃ Now one day **disāvāsino bhikkhū** a party of monks residing in foreign parts **"satthāraṃ passissāmā"ti jetavanaṃ āgantvā** came to Jetavana to see the Teacher. **Tathāgataṃ vanditvā** After paying their respects to the Tathagata **asītimahāthere ca,** and seeing the chief eighty Elders, **vanditvā vihāra-cārikaṃ carantā** they made the rounds of the monastery. **cakkhupālattherassa vasanaṭṭhānaṃ patvā** Coming to Cakkhupala's retreat, **"idampi passissāmā"ti** (they said to each other) "Let us see him too." **sāyaṃ** So when evening came, **tadabhimukhā ahesuṃ** they set out to visit him. **Tasmiṃ khaṇe** Just at that moment **mahāmegho uṭṭhahi** a severe storm arose. So they saying, **Te "idāni ati-sāyanho,** " It is now far into evening, **megho ca uṭṭhito** and a storm has arisen**, pāto'va gantvā passissāmā"ti** Therefore we will go and see him in the morning," **nivattiṃsu** turning back**. Devo paṭhama-yāmaṃ vassitvā** The rain continued during the first watch, **majjhimayāme vigato** but ceased in the second. **Thero** The Elder, **āraddhavīriyo** a man of great energy, **āciṇṇa-caṅkamano,** with unbroken walking meditation, **tasmā pacchimayāme caṅkamanaṃ otari** stepped off the walking path in the last watch**. Tadā ca pana** Now at that time **nava-vuṭṭhāya bhūmiyā** out of the newly wet earth, **bahū indagopakā uṭṭhahiṃsu** many insects had come**. Te there caṅkamante** And as the Elder walked up and down, **yebhuyyena vipajjiṃsu** they perished in great numbers**. Antevāsikā** The resident monks **therassa caṅkamana-ṭṭhānaṃ** -where the Elder walked- **kālass'eva na sammajjiṃsu** did not sweep betimes**. Itare bhikkhū** When the visiting monks arrived, saying, **"therassa vasana-ṭṭhānaṃ passissāmā"ti āgantvā** "We would see the place where the Elder resides," **caṅkamane mata-pāṇake disvā** and saw the dead insects on the walking-meditation-path, they asked, **"ko imasmiṃ caṅkamatī"ti** "Who was it that walked in this path?" **pucchiṃsu** they asked**. "Amhākaṃ upajjhāyo, bhante"ti.** "Our master, Sirs." **Te ujjhāyiṃsu** They were offended and said, **"passath'āvuso,**"See brethren **samaṇassa kammaṃ,** the work of this monk. **Sa-cakkhuka-kāle** When he had the sight of his eyes, **nipajjitvā niddāyanto** he lay down and slept **kiñci akatvā** and did no do anyting (evil) **idāni** But now **cakkhu-vikala-kāle** that he has lost his eyesight, **'caṅkamāmī'ti** (saying to himself) 'I will take a walk,' **ettake pāṇake māresi** he has destroyed these insects. **'atthaṃ karissāmī'ti** 'That which is right I will do,' said he; **anatthaṃ karotī"ti** but that which was not right he has done."

Atha kho te gantvā So they went **tathāgatassa ārocesuṃ** and reported the matter to the Tathagata, saying**, "bhante,** Sir, **cakkhupālatthero 'caṅkamāmī'ti** the Elder Cakkhupala, saying to himself, 'I will take a walk,' **bahū pāṇake māresī"ti** has destroyed many insects." **"Kiṃ pana so tumhehi mārento diṭṭho"ti?** "But did you see him killing them?" **"Na diṭṭho, bhante"ti.** "We did not, Sir." **"Yath'eva tumhe taṃ na passatha,** "Precisely as you did not see him, **that'eva sopi te pāṇe na passati** so also did he not see these insects**. Khīṇ'āsavānaṃ maraṇa-cetanā nāma n'atthi, bhikkhave"ti** Monks, they that are freed from influxes have no thought of killing." **"Bhante, arahattassa upanissaye sati** "Sir, seeing that he was destined to become an Arahat, **kasmā andho jāto"ti** how was it that he became blind?" **"Attano kata-**

kamma-vasena, bhikkhave"ti. "Monks, it was by reason of a misdeed (in a former existence.)" **"Kiṃ pana, bhante,** "Why, Sir, **tena katan"ti?** what did he do?" **Tena hi,** "Well then, **bhikkhave, suṇātha** monks, listen." –

[1 a. Story of the Past: The wicked physician and the woman ']

Atīte In times long past, **bārāṇasiyaṃ kāsiraññe rajjaṃ kārente** when the king of Kasi reigned at Benares, **eko vejjo** a certain physician **gāmanigamesu caritvā** went through towns and villages **vejjakammaṃ karonto** practicing his profession. **ekaṃ cakkhu-dubbalaṃ itthiṃ disvā** Seeing a certain woman with weak eyes, **pucchi** – he asked her, **"kiṃ te aphāsukan"ti?** "What is not easy for you?" **"Akkhīhi na passāmī"ti.** "I cannot see with my eyes." **"Bhesajjaṃ te karissāmī"ti** "I will make you a medicine." **"Karohi, sāmī"ti.** "Do so, master." **"Kiṃ me dassasī"ti?** "What will you give me?" **"Sace me akkhīni pākatikāni kātuṃ sakkhissasi,**"If you succeed in making my eyes well and strong again, **ahaṃ te saddhiṃ putta-dhītāhi dāsī bhavissāmī"ti.** I will become your slave, and my sons and daughters too." **So "sādhū"ti** "Very well," said he. **bhesajjaṃ saṃvidahi,** So he prescribed a remedy for her, **eka-bhesajjen'eva akkhīni pākatikāni ahesuṃ.** and with a single application of the remedy her eyes became well and strong again. **Sā cintesi** Upon this she thought, – **"aham'etassa sa-puttadhītā dāsī bhavissāmī"ti paṭijāniṃ,** "I promised to become his slave, and my sons and daughters too. **"na kho pana** But he will not **maṃ saṇhena sammācārena samudācarissati,** treat me kindly. **vañcessāmi nan"ti** Therefore I will deceive him."

Sā vejjen'āgantvā So when the physician came and asked her **"kīdisaṃ, bhadde"ti puṭṭhā** having asked "how are you my dear", she answered, **"pubbe** "Before **me akkhīni** my eyes **thokaṃ rujjiṃsu** pained me a little; **idāni pana atirekataraṃ rujjantī"ti āha** but now they hurt me worse than ever." **Vejjo** The physician thought, **"ayaṃ maṃ vañcetvā** "This woman is deceiving me **kiñci adātukāmā** because she is unwilling to give me anything**, na me etāya dinnāya bhatiyā attho** there is no purpose in such a salary**, idāneva naṃ andhaṃ karissāmī"ti** now I will make her blind." **cintetvā gehaṃ gantvā bhariyāya etamatthaṃ ācikkhi** So he went home and told his wife about the matter**. Sā tuṇhī ahosi.** His wife said nothing. **So ekaṃ bhesajjaṃ yojetvā** Then he compounded an ointment, **tassā santikaṃ gantvā** went to the woman's house, **"bhadde, imaṃ bhesajjaṃ añjehī"ti añjāpesi.** and directed her saying "my dear rub this medicine in". **Ath'assā dve akkhīni dīpa-sikhā viya vijjhāyiṃsu** She did so, and her eyes went out like the flame of a lamp. **So vejjo cakkhupālo ahosi** That physician was Cakkhupala**.**

[**End of Story of the Past]**

Bhikkhave, "Monks, **tadā mama puttena katakammaṃ** the evil deed then committed by my son **pacchato pacchato anubandhi** followed him ever after; **Pāpakammañ-hi** for an evil deed **nām'etaṃ dhuraṃ vahato balibaddassa padaṃ cakkaṃ viya anugacchatīti** follows the evildoer even as a wheel follows the hoof of the ox that bears the yoke." **idaṃ vatthuṃ kathetvā** After relating this story, **anusandhiṃ ghaṭetvā** (the King of Righteousness) joined the connection, even as a king

patiṭṭhāpitamattikaṃ - after the clay has been affixed - **sāsanaṃ** (seals) an edict **raja-muddāya** with the royal seal **lañchanto viya,** and as if sealing it, **dhammarājā** the King of Righteousness **imaṃ gāthamāha –** pronounced the following Stanza:

1. Dhammapada

"Manopubbaṅgamā dhammā,
Thought is of all things first
manoseṭṭhā manomayā;
thought is of all things foremost
thought are all things made
Manasā ce paduṭṭhena,
If with thought corrupt
bhāsati vā karoti vā;
a man speak or act,
Tato naṃ dukkhamanveti,
Suffering follows him,
cakkaṃva vahato padan"ti. – Dhp v. 1
even as a wheel follows the hoof of the beast of burden.

Tattha ***mano*** **ti** *Mind* here means **kāmāvacarakusalādibhedaṃ** the consciousness (citta as vinnyana) of sensual pleasure, etc. **sabbampi** all of which **catubhūmikacittaṃ** falls into the four categories (sensual, rupa, arupa, lokuttara)**. Imasmiṃ pana pade** In this verse however **tadā tassa vejjassa** it refers to that physician's (of the preceding story) **uppannacittavasena** arisen mind **niyamiyamānaṃ** completely determined **vavatthāpiyamānaṃ** that was connected **paricchijjiyamānaṃ** and analysed **domanassasahagataṃ** as connected with sadness **paṭighasampayuttacittameva** and rejection **labbhati.** ***Pubbaṅgamā*** **ti** "followed by" **tena paṭhamagāminā hutvā samannāgatā** followed by the preceding thought**. Dhammāti** "things" **guṇa-desanā-pariyatti-nissatta-nijjīva-vasena cattāro dhammā nāma.** There are four things that are called Dhamma, namely virtue, teaching, study text, soulless-substancelessness **Tesu –** Here

"Na hi dhammo adhammo ca,
Not do virtue and non-virtue
ubho samavipākino;
ever bring the same results
Adhammo nirayaṃ neti,
Unvirtue leads to hell
dhammo pāpeti suggatin"ti.
But virtue to the blessed world
(Thag. 304; Jāt. 1.15.386) –

Ayaṃ This is **guṇadhammo** Dhamma as virtue **nāma** namely**. "Dhammaṃ vo, bhikkhave,** The Dhamma, o monks **desessāmi** I will teach you **ādikalyāṇan"ti** beautiful in the beginning etc. **(MN. 3.420) ayaṃ** This

desanādhammo nāma namely is the Dhamma as teaching. **"Idha pana, bhikkhave,** Here now o monks **ekacce kulaputtā** some noble sons **dhammaṃ pariyāpuṇanti** study the Dhamma **suttaṃ geyyan"ti** the prose and the verse **(MN. 1.239) ayaṃ pariyattidhammo nāma** This is dhamma as study material. **"Tasmiṃ kho pana samaye** There is a time **dhammā honti** when the things exist, **khandhā hontī"ti** the groups are **(Dhs. 121) ayaṃ nissattadhammo nāma** Here Dhamma means lifeless, **nijjīvadhammotipi** soulless **eso eva** and so forth. **Tesu** Among those **imasmiṃ ṭhāne** in this spot **nissattanijjīvadhammo** the soulless lifeless dhamma **adhippeto** is meant. **So atthato** In its meaning **tayo arūpino khandhā** three formless groups are meant: **vedanākkhandho saññākkhandho saṅkhārakkhandhoti** feelings, perceptions and mental formations. **Ete hi** Among these **mano** the mind **pubbaṅgamo etesan ti** is the forerunner therefore **manopubbaṅgamā nāma** the mind goes before.

Kathaṃ panetehi But how can it if it goes **saddhiṃ** with them **ekavatthuko** arises with them **ekārammaṇo** is of the same object **apubbaṃ acarimaṃ** and not earlier not later **ekakkhaṇe** but in the same moment **uppajjamāno mano** arises, the mind, **pubbaṅgamo nāma hotīti** and still be called "going before"? **Uppāda-paccaya-ṭṭhena** Because of its cause for arising. **Yathā hi** Just like **bahūsu** among many **ekato** as one **gāmaghātādīni** village slaughtering **kammāni** deeds **karontesu** committing **"ko etesaṃ pubbaṅgamo"ti** "who is their leader" **vutte** one says **yo nesaṃ paccayo hoti** because of them having a source, **yaṃ nissāya** on which they lean **te taṃ kammaṃ karonti** when they commit those crimes, **so datto** 'that Datto' **vā mitto** or "that Mitto fellow" **vā tesaṃ pubbaṅgamoti vuccati** who among them will be called their leader, **evaṃsampadamidaṃ veditabbaṃ** In sucha way this has to be understood here. **Iti uppādapaccayaṭṭhena mano pubbaṅgamo etesanti manopubbaṅgamā. Na hi te mane anuppajjante uppajjituṃ sakkonti, mano pana ekaccesu cetasikesu anupajjantesupi uppajjatiyeva. Adhipativasena pana mano seṭṭho etesantimanoseṭṭho. Yathā hi corādīnaṃ corajeṭṭhakādayo adhipatino seṭṭhā. Tathā tesampi mano adhipati manova seṭṭhā. Yathā pana dāruādīhi nipphannāni tāni tāni bhaṇḍāni dārumayādīni nāma honti, tathā tepi manato nipphannattā manomayā nāma.**

Paduṭṭhenāti āgantukehi abhijjhādīhi dosehi paduṭṭhena. Pakatimano hi bhavaṅgacittaṃ, taṃ apaduṭṭhaṃ. Yathā hi pasannaṃ udakaṃ āgantukehi nīlādīhi upakkiliṭṭhaṃ nīlodakādibhedaṃ hoti, na ca navaṃ udakaṃ, nāpi purimaṃ pasannaudakameva, tathā tampi āgantukehi abhijjhādīhi dosehi paduṭṭhaṃ hoti, na ca navaṃ cittaṃ, nāpi purimaṃ bhavaṅgacittameva, tenāha bhagavā – "pabhassaramidaṃ, bhikkhave, cittaṃ, tañca kho āgantukehi upakkilesehi upakkiliṭṭhan"ti (AN 1.49). Evaṃ manasā ce paduṭṭhena, bhāsati vā karoti vā so bhāsamāno catubbidhaṃ vacīduccaritameva bhāsati, karonto tividhaṃ kāyaduccaritameva karoti, abhāsanto akaronto tāya abhijjhādīhi paduṭṭhamānasatāya tividhaṃ manoduccaritaṃ pūreti. Evamassa dasa akusalakammapathā pāripūriṃ gacchanti.

Tato naṃ dukkhamanvetīti tato tividhaduccaritato taṃ puggalaṃ dukkhaṃ anveti, duccaritānubhāvena catūsu apāyesu, manussesu vā tamattabhāvaṃ gacchantaṃ kāyavatthukampi itarampīti iminā pariyāyena kāyikacetasikaṃ vipākadukkhaṃ anugacchati. Yathā kiṃ? Cakkaṃva vahato padanti dhure yuttassa dhuraṃ vahato balibaddassa padaṃ cakkaṃ viya. Yathā hi so ekampi divasaṃ dvepi pañcapi dasapi aḍḍhamāsampi māsampi vahanto cakkaṃ nivattetuṃ jahituṃ na sakkoti , atha khvassa purato abhikkamantassa yugaṃ gīvaṃ bādhati, pacchato paṭikkamantassa cakkaṃ ūrumaṃsaṃ paṭihanati. Imehi dvīhi ākārehi bādhantaṃ cakkaṃ tassa padānupadikaṃ hoti; tatheva manasā paduṭṭhena tīṇi duccaritāni pūretvā ṭhitaṃ puggalaṃ nirayādīsu tattha tattha gatagataṭṭhāne duccaritamūlakaṃ kāyikampi cetasikampi dukkhamanubandhatīti.

Gāthāpariyosāne At the end of this verse **tiṃsa-sahassā** 30,000 **bhikkhū** monks **saha paṭisambhidāhi arahattaṃ pāpuṇiṃsu** attained arahantship together with higher analytical powers. **Sampattaparibhāyapi desanā** Such was this teaching **sātthikā saphalā ahosīti** bearing fruits and results.

Cakkhupālattheravatthu paṭhamaṃ

2. Maṭṭhakuṇḍalīvatthu

2. Why cry for the moon?[2]

The story of Matthakundali

(Beginning with the words) **"Mano-pubbaṅgamā-dhammā'ti** "Thought is of all things first" **dutiya-gāthā-pi** this second stanza also, **sāvatthiyaṃ'y'eva** was recited in the same city, Savatthi, **maṭṭha-kuṇḍaliṃ ārabbha bhāsitā** with reference to Matthakundali.

Sāvatthiyaṃ At Savatthi, **kira** we are told, **"adinna-pubba-ko" nāma brāhmaṇo ahosi** lived a Brahman named "Never-Gave". **Tena** He **kassaci** to anybody, **kiñci na dinnapubbaṃ** never gave anything, **tena** and that is why they **taṃ "adinnapubbako"tveva saññāniṃsu** called him Never-Gave, Adinnapubbaka. **Tassa** He **eka-putta-ko ahosi** had an only son **piyo manāpo** who was his darling and delight. **Ath'assa** Now he **pilandhanaṃ** desired to have a set of ornaments

---

[2] Parallels: Jataka 449: iv. 59-62; Jataka 454: 85-87; Vimdna-Vatthu Commentary, vii. 9: 322-330 (cf. Peta-Vatthu Commentary, ii. 5: 92); Rogers, Buddhayhosha's Parables, ii, pp. 12-17. The author has evidently worked over Jataka 449, both Introduction and Story of the Past, making one story out of two and expanding the original considerably. The Buddha's conversion of Matthakundali, a prominent feature of the Dhammapada Commentary story, is lacking in the Jataka version. The Vimana-Vatthu Commentary version is derived, not from the Jataka Book, but from the Dhammapada Commentary. It is much briefer at the beginning and end; elsewhere more diffuse. Vis. cm., 325.3-326.13, is word for word the same as Dh. cm., i. 29-30. This story is referred to at Milindapanha, 850. Text: N i. 25-37.

kāretukāmo made for him **"sace suvaṇṇa-kāre kāressāmi "**If I give the commission to a goldsmith**, bhatta-vetanaṃ dātabbaṃ bhavissatī"ti** I should have to pay him a fee, **sayam-eva suvaṇṇaṃ koṭṭetvā** he beat out the gold himself **maṭṭhāni kuṇḍalāni katvā** made him a pan of burnished earrings **adāsi** and gave them to him (his son)**. Tenassa putto** In this way his son **maṭṭha-kuṇḍalī'tv'eva paññāyittha** received the name BurnishedEarrings, Matthakundali**. Tassa** When his son **soḷasa-vassika-kāle** was sixteen years old, **paṇḍu-rogo udapādi** he had an attack of jaundice**. Tassa mātā** The mother **puttaṃ oloketvā** looked at the boy and said, **"brāhmaṇa** "Brahman**, puttassa te rogo uppanno** your son is sick; **tikicchāpehi nan"ti āha** have him treated by a physician." **"Bhoti** "Wife, **sace** if **vejjaṃ ānessāmi** I send for a physician**, bhatta-vetanaṃ dātabbaṃ bhavissati** I shall have to pay him a fee in rice**; kiṃ tvaṃ mama dhana-cchedaṃ na olokessasī"ti** you care nothing about the loss of my wealth." **? "Atha naṃ** "Well, **kiṃ karissasi, brāhmaṇā"ti** Brahman, what are you going to do about it?" **"Yathā** As **me dhana-cchedo na hoti** to lose none of my wealth**, tathā karissāmī"ti** "I shall manage things in such a way**. So** (So) he **vejjānaṃ santikaṃ gantvā** went to various physicians, **"asuka-rogassa "**for such an ailment **nāma tumhe kiṃ bhesajjaṃ karothā"ti** what medicine are you making?" **pucchi** he asked**. Ath'assa te** They (mentioned) **yaṃ vā taṃ vā** this or that **rukkha-tac'ādiṃ** as well as bark of trees and more **ācikkhanti** (this) they mentioned**. So** (So) he **tam-āharitvā** procured these **puttassa bhesajjaṃ karoti** and prepared a remedy for his son**. Taṃ karontass'ev'assa** But in spite of all he did, his (son's) **rogo balavā ahosi** sickness grew worse and worse**, atekiccha-bhāvaṃ upāgami** until finally he was past help. **Brāhmaṇo** The Brahman, **tassa dubbala-bhāvaṃ ñatvā** perceiving that his son was very weak, **ekaṃ vejjaṃ pakkosi** sent for a physician. **So taṃ oloketvāva** The physician looked at the youth and said, **"amhākaṃ ekaṃ kiccaṃ atthi,** "I have important business to attend to; **aññaṃ vejjaṃ pakkositvā** send for some other physician **tikicchāpehī"ti** and have him treat him." **taṃ pahāya** Having thus refused to treat the boy, **nikkhami** he turned and left. **Brāhmaṇo** The Brahman **tassa maraṇa-samayaṃ ñatvā** realized that his son was at the point of death. Thought he, **"imassa dassan'atthāya āgatā** "All who come to see this youth **antogehe sāpateyyaṃ passissanti,** will see the wealth in my house; **bahi naṃ karissāmī"ti** therefore I will place him outside." **puttaṃ nīharitvā** So he carried his son out of the house **bahiāḷinde nipajjāpesi** and laid him down on the terrace**.**

Taṃ divasaṃ On that day, **bhagavā** the Exalted One **balava-paccūsa-samaye** very early in the morning, **mahā-karuṇā-samāpattito vuṭṭhāya** arose from the meditative state of Great Compassion. **pubba-buddhesu** Under previous Buddhas, **kat'ādhikārānaṃ** those who had made their Earnest Wish **ussanna-kusala-mūlānaṃ** whose roots of merit were fully developed, **veneyya-bandhavānaṃ** capable of training **dassan'atthaṃ** for the purpose of seeing (precisely) those **Buddha-cakkhunā** with the Eye of a Buddha **lokaṃ volokento** he surveyed the world **dasa-sahassa-cakkavāḷesu** (and) over thousand Galaxies **ñāṇa-jālaṃ patthari** he spread the Net of his Knowledge**. Maṭṭhakuṇḍalī bahiāḷinde nipann'ākāreneva** Matthakundali, lying outside on the terrace, **tassa anto paññāyi** appeared within him**. Satthā taṃ disvā** As soon as the Teacher saw him, **tassa antogehā nīharitvā** that he had been removed from the house **tattha nipajjāpita-bhāvaṃ** and laid there; **ñatvā** (such) he became aware of **"atthi nu kho mayhaṃ** "Have I **ettha gata-paccayena attho"ti** sufficient reason for going to him?" **upadhārento** considering within himself **idaṃ addasa** he saw the following: **– ayaṃ māṇavo** "This youth **mayi cittaṃ pasādetvā** will repose faith in me, **kālaṃ katvā** will die, **tāvatiṃsa-deva-loke** in the Heaven of the Thirty-three, **tiṃsa-yojanike kanaka-vimāne nibbattissati,** and will be reborn as a deity in a golden mansion, **accharā-sahassa-parivāro bhavissati,** with a retinue of a thousand celestial nymphs **brāhmaṇo-pi taṃ jhāpetvā** The Brahman will burn his body **rodanto āḷāhane vicarissati** and will go about the burning-ground weeping**. Devaputto** The deity will survey his own person, **ti-gāvuta-ppamāṇaṃ** three-quarters of a league in height, **saṭṭhi-sakaṭa-bhār'ālaṅkāra-paṭimaṇḍitaṃ** adorned with sixty cart-loads of ornaments, **accharā-sahassa-parivāraṃ** surrounded by a thousand celestial nymphs. **atta-bhāvaṃ oloketvā** And considering within himself, **"kena nu kho kammena** 'Through what merit **mayā** have I **ayaṃ siri-sampatti laddhā"ti** got this attainment of 'splendor?' **oloketvā mayi citta-ppasādena laddha-bhāvaṃ ñatvā** he will perceive that he obtained it by reposing faith in me. Then he will say to himself, **"ayaṃ brāhmaṇo** '(My father) this Brahmin, **dhana-ccheda-bhayena mama bhesajjam-akatvā** who failed to provide medicine for me for fear of wasting his wealth, **idāni āḷāhanaṃ gantvā** has now gone to the burning-ground **rodati** and is weeping **vippakāra-**

ppattaṃ naṃ karissāmī"ti I will effect a change in his attitude.' **pitari rodante maṭṭhakuṇḍali-vaṇṇena āgantvā** And provoked at his father, he will take the form of Matthakundali and will go **āḷāhanass'āvidūre** to a place not far from the burning-ground, **nipajjitvā rodissati** and will fling himself on the ground and weep**. Atha naṃ brāhmaṇo** "The Brahman will ask him, **"ko'si tvan"ti** 'Who are you?' **pucchissati.** He will reply, **"Ahaṃ te putto** 'I am your son **maṭṭhakuṇḍalī"ti ācikkhissati** Matthakundali.' **"Kuhiṃ nibbattosī"ti?** 'Where were you reborn?' **"Tāvatiṃsa-bhavane"ti** 'In the World of the Thirty-three.' **"Kiṃ kammaṃ katvā"ti vutte** The Brahman will ask him, 'What deed of merit did you perform?' **mayi cittappasādena nibbatta-bhāvaṃ ācikkhissati** and Matthakundali will tell him that he was reborn in the World of the Thirty-three by reposing faith in me**. Brāhmaṇo** Then the Brahman will ask me, **"tumhesu cittaṃ pasādetvā sagge nibbatto nāma atthī"ti** 'Are there any that have been reborn in Heaven by reposing faith in you?' **maṃ pucchissati. Ath'ass'āhaṃ** and I will reply to him, **"ettakāni satāni vā sahassāni vā sata-sahassāni vāti** 'It is not so many hundreds or thousands or hundreds of thousands **na sakkā gaṇanā paricchinditun"ti** there is no counting the number of them.' **vatvā dhammapade gāthaṃ bhāsissāmi** I will then recite a Stanza in the Dhammapada**. Gāthā-pariyosāne** At the conclusion of the Stanza **catur-āsītiyā pāṇa-sahassānaṃ** eighty-four thousand living beings **dhamm'ābhisamayo bhavissati** will obtain Comprehension of the Law**, maṭṭhakuṇḍalī sotāpanno bhavissati** Matthakundali will attain Stream-Entry**. Tathā adinna-pubbako brāhmaṇo** and so will Adinnapubbaka the Brahman**. Iti** Thus

imaṃ kulaputtaṃ nissāya through this noble youth **mahā-dhamm'ābhisamayo bhavissatīti** many will obtain Comprehension of the Law." **disvā** Of all this the Teacher became aware. **puna-divase** Accordingly, on the following day, **kata-sarīra-paṭijaggano** having attended to his toilet, **mahā-bhikkhu-saṅgha-parivuto** he surrounded himself with a large company of monks, **Sāvatthiṃ piṇḍāya pavisitvā** entered Savatthi for alms, **anupubbena brāhmaṇassa geha-dvāraṃ gato** and in due course arrived at the house of the Brahman.

Tasmiṃ khaṇe At that moment **maṭṭhakuṇḍalī** Matthakundali **anto-geh'ābhimukho nipanno hoti** was lying with face turned towards the house**. Ath'assa satthā** The Teacher, **attano apassana-bhāvaṃ** observing that he did not see him, **ñatvā ekaṃ rasmiṃ vissajjesi** sent forth a ray of light**. Māṇavo "kiṃ obhāso nām'eso"ti** "What is that radiance?" asked the youth, **parivattetvā** turning over **nipanno'va satthāraṃ disvā,** Seeing the Teacher from where he lay, he said, **"andha-bāla-pitaraṃ** On account of a foolish blind father, **nissāya evarūpaṃ buddhaṃ upasaṅkamitvā kaya-veyyāvaṭikaṃ vā kātuṃ** I have been deprived of the privilege of approaching so excellent a Buddha, nor have I obtained the privilege either of waiting upon him **dānaṃ vā dātuṃ** or of giving him alms **dhammaṃ vā sotuṃ n'ālatthaṃ** or of hearing the Law**, idāni me hatthā-pi anadhipateyyā** Now I cannot even control the movements of my hands**, aññaṃ kattabbaṃ n'atthī"ti** there is nothing else I can do." **manam'eva pasādesi** So saying, he reposed faith in the Buddha**. Satthā** The Teacher said, **"alaṃ ettakena cittappasādena imassā"ti pakkāmi**

"He has done enough through such kind of mental happiness," and departed. **So tathāgate cakkhu-pathaṃ vijahantey'eva** As the Tathagata receded from his range of vision **pasanna-mano kālaṃ katvā** he died with a gladdened heart, **suttappabuddho viya** and as if awaking from sleep, **devaloke** in the World of the Gods **tiṃsa-yojanike kanakavimāne** in a golden mansion thirty leagues in extent **nibbatti** he was reborn.

Brāhmaṇo-pi'ssa sarīraṃ jhāpetvā The Brahman burned the body of his son, **āḷāhane** and resorting to the burning-ground, **rodanaparāyaṇo ahosi** abandoned himself entirely to lamentation. , **devasikaṃ āḷāhanaṃ gantvā** Every day he would go to the burning-ground and **rodati** weep and say, – **"kahaṃ ekaputtaka, kahaṃ ekaputtakā"ti** "Where are you, my only son?"

Devaputto-pi attano sampattiṃ oloketvā The deity his former son surveyed his own glory, **"kena me kammena laddhā"ti upadhārento** and considered within himself, "By what deed of merit have I obtained this?" **"satthari manopasādenā"ti ñatvā** Perceiving that it was by reposing faith in the Teacher he said to himself, **"ayaṃ brāhmaṇo** "This Brahman **mama aphāsukakāle bhesajjam-akāretvā** failed to provide medicine for me when I was sick, **idāni āḷāhanaṃ gantvā rodati** but now goes to the burning-ground and weeps, **vippakāra-ppattam'eva naṃ** a change in his attitude **kātuṃ** to do **vaṭṭatī"ti** is what is the right thing to do." **maṭṭhakuṇḍali-vaṇṇena** Accordingly he took the form of Matthakundali, **āgantvā āḷāhanass'āvidūre** went to a place not far from the burning-ground, **bāhā paggayha rodanto aṭṭhāsi** and stood wringing his hands and weeping.

Brāhmaṇo taṃ disvā The Brahman saw him and thought to himself, **"ahaṃ tāva** "As for myself, **puttasokena rodāmi,** I am weeping because of sorrow for my son; **esa kim-atthaṃ rodati,** why is yonder youth weeping? **pucchissāmi nan"ti** I will ask him." **pucchanto imaṃ gāthamāha –** So he asked him in the following Stanza -

"Alaṅkato maṭṭhakuṇḍalī,
Richly adorned, wearing earrings of burnished gold,
Māladhārī hari-candan'ussado;
Bearing garlands, with protuberances of yellow sandal,
Bāhā paggayha kandasi,
You wring your hands and weep.
Vana-majjhe kiṃ dukkhito tuvan"ti.
Why are you afflicted in the midst of the forest?[3]

So māṇavo āha –
Said the youth,

"Sovaṇṇa-mayo pabhassaro,
Shining, of solid gold,
Uppanno ratha-pañjaro mama;
I have obtained a chariot-body;
Tassa cakkayugaṃ na vindāmi,
But I cannot find a pair of wheels for it;
Tena dukkhena jahāmi jīvitan"ti.
Through grief over this I shall lose my life.[4]

Atha naṃ brāhmaṇo āha –
Then said the Brahman to him -

"Sovaṇṇa-mayaṃ maṇi-mayaṃ,

---

3 **(Vimana Vatthu 1207; Peta Vatthu 186)**
4 **(Vimana Vatthu 1208; Peta Vatthu 187)**

Name wheels of gold, of precious stones,
Lohitaka-mayaṃ atha rūpiya-mayaṃ;
Of copper, or of silver.
Ācikkha me bhadda māṇava,
Name them to me, good youth,
Cakkayugaṃ paṭipādayāmi te"ti.
And I will procure you a pair of wheels.[5]

Taṃ sutvā Hearing this, **māṇavo** the youth thought to himself, **"ayaṃ brāhmaṇo** "This Brahman **puttassa bhesajjam-akatvā** failed to provide medicine for his son. **Putta-patirūpakaṃ maṃ disvā** But seeing that I look like his son, **rodanto 'suvaṇṇādi-mayaṃ ratha-cakkaṃ karomī'ti** 'I will procure wheels for your chariot, either of gold and so forth **vadati,** he says, **hotu niggaṇhissāmi nan"ti** Very well! I will humble him." **cintetvā "kīva mahantaṃ** "How large **me cakka-yugaṃ karissasī"ti** a pair of wheels will you make for my chariot?" **vatvā** So he said, **"yāva** "As **mahantaṃ** large **ākaṅkhasi,** as you wish." **tāva mahantaṃ karissāmī"ti** that is as large as I will make it, **vutte "candima-sūriyehi me attho,** "I want the moon and the sun," said the youth. **te me dehī"ti** "Give them to me." **yācanto** By way of request **āha** – he said.

So māṇavo tassa pāvadi,
The young Brahmin said to him:
"Canda-sūriyā ubhay'ettha dissare;
(Like) the moon and the sun both shining
Sovaṇṇa-mayo ratho mama,
My chariot of solid gold;

---

[5] **(Vimana Vatthu 1209; Peta Vatthu 188)**

Tena cakka-yugena sobhatī"ti.[6]
with such a pair of wheels it will shine.

Atha naṃ brāhmaṇo āha –
The Brahman replied -

"Bālo kho tvaṃ asi māṇava,
Youth, you are a simpleton
Yo tvaṃ patthayase apatthiyaṃ;
You who seeks for what cannot be obtained.
Maññāmi tuvaṃ marissasi,
I suppose you will die,
Na hi tvaṃ lacchasi candasūriye"ti.[7]
for you will never obtain the moon and the sun.

Atha naṃ māṇavo āha But the youth said to him, **–"Kiṃ pana paññāyamānassatthāya rodanto** "But which - he who weeps for what exists, **bālo hoti** is the greater simpleton**, udāhu** or **apaññāyamānassatthāyā"ti vatvā –** he who weeps for what does not exist?" (having said this he added -)

"Gaman'āgamanam-pi dissati,
They are seen that go and come;
Vaṇṇa-dhātu ubhayattha vīthiyā;

---

[6] **(Vimana Vatthu 1210; Peta Vatthu 189)**
[7] **(Vimana Vatthu 1211; Peta Vatthu 190)**

The property of color is seen on both sides of the street;
Peto kālakato na dissati,
But he that is dead and gone cannot be seen;
Ko nidha kandataṃ bālyataro"ti.
Which of us that weep here is the greater simpleton?[8]

Taṃ sutvā Hearing this, **brāhmaṇo** the Brahman came to the conclusion, **"yuttaṃ esa vadatī"ti** "What this youth says is sensible." **sallakkhetvā** (he acknowledged) And he said to him, –

"Saccaṃ kho vadesi māṇava,
Youth, what you say is quite true;
Aham-eva kandataṃ bālyataro;
I am that greater simpleton of the two that weep;
Candaṃ viya dārako rudaṃ,
Like a child crying for the moon,
Petaṃ kālakat'ābhipatthayin"ti.
I desired a son that is dead and gone.[9]

(vi. va. 1213; pe. va. 192) –

Vatvā Having thus spoken, **tassa kathāya nissoko hutvā** freed from sorrow by the words of the youth **māṇavassa thutiṃ karonto** in praise of the youth **imā gāthā abhāsi** –the Brahman pronounced the following Stanzas

"Ādittaṃ vata maṃ santaṃ,
When I was all on fire,
Ghata-sittaṃ'va pāvakaṃ;
and the fire was as if fed with ghee,

---

[8] **(Vimana Vatthu 1212; Peta Vatthu 191)**
[9] **(Vimana Vatthu 1213; Peta Vatthu 192)**

Vārinā viya osiñcaṃ,
You poured water on the fire,
sabbaṃ nibbāpaye daraṃ.
as it were, and extinguished all my grief.
"Abbahī vata me sallaṃ,
You drew out the arrow that was in me,
sokaṃ hadaya-nissitaṃ;
the sorrow that was in my heart;
Yo me soka-paretassa,
Although I was dead with sorrow,
Putta-sokaṃ apānudi.
you removed my sorrow for my son.
"Sv'āhaṃ abbūḷha-sallo'smi,
The arrow of my grief has been withdrawn,
Sīti-bhūto'smi nibbuto;
and I am tranquil and happy;
Na socāmi na rodāmi,
I sorrow no more, nor do I weep.
tava sutvāna māṇavā"ti.
Having heard your words, youth[10]

Atha Then **naṃ** (he asked) him **"ko nāma tvan"ti** "Who are you?" **pucchanto –** (he) asked, **"Devatā-nu'si gandhabbo,** Are you a devata or a gandhabba, **adu sakko purindado** or are you Sakka the Lord of Mankind? **;**
Ko vā tvaṃ Who are you? **kassa vā putto,** whose son are you? **kathaṃ jānemu taṃ mayan"ti.** how am I to know you?[11]

Āha. Athassa māṇavo – The youth replied:

"Yañca kandasi yañca rodasi,
I am he for whom you lament, for whom you weep,

---

[10] **(Vimana Vatthu 1214-1216; Peta Vatthu 193-195)**
[11] **(Vimana Vatthu 1217; Peta Vatthu 196)**

Puttaṃ āḷāhane sayaṃ dahitvā;
Your son, whom you yourself burned in the burning-ground.
Sv'āhaṃ kusalaṃ karitvā kammaṃ,
By the performance of a work of merit
Tidasānaṃ sahabyataṃ gato"ti.
I have attained the Society of the Thirty.[12]

Ācikkhi In these words the youth gave him the information he asked for**. Atha naṃ brāhmaṇo āha –** Then said the Brahman -

"Appaṃ vā bahuṃ vā nāddasāma,
I never saw you either little or much,
Dānaṃ dadantassa sake agāre;
give alms, in your own home.
Uposatha-kammaṃ vā tādisaṃ,
Nor did you so much as keep fast-day;
Kena kammena gatosi devalokan"ti.
by what work of merit did you attain the World of the Gods?[13]

Māṇavo āha –
The youth replied -

"Ābādhikohaṃ dukkhito gilāno,
As I lay in my own home, sick, afflicted,
Āturarūpo'mhi sake nivesane;
oppressed with a grievous ailment, my body
Buddhaṃ vigata-rajaṃ vitiṇṇa-kaṅkhaṃ,
the Buddha, free from passion, free from doubt,
Addakkhiṃ sugataṃ anoma-paññaṃ.
I beheld, him perfected, of highest wisdom.
"Sv'āhaṃ mudita-dhano pasanna-citto,

---

[12] **(Vimana Vatthu 1218; Peta Vatthu 197)**
[13] **(Vimana Vatthu 1219; Peta Vatthu 198)**

With joyful mind and peaceful heart
Añjaliṃ akariṃ tathāgatassa;
I did homage to the Tathagata, with hands reverently clasped;
Tāhaṃ kusalaṃ karitvāna kammaṃ,
By the performance of this work of merit
Tidasānaṃ sahabyataṃ gato"ti.
I attained the Society of the Thirty.[14]

Tasmiṃ kathente'y'eva As the youth spoke, **brāhmaṇassa sakala-sarīraṃ** the whole body of the Brahman **pītiyā paripūri** was suffused with joy. **So taṃ pītiṃ pavedento –** And this joy he made known in the following Stanza

"Acchariyaṃ vata abbhutaṃ vata,
Wonderful! marvelous!
Añjali-kammassa ayam-īdiso vipāko;
that such as this should be the fruit of a reverent salutation
Aham-pi pamuditamano pasanna-citto,
I too with joyful mind and peaceful heart
Ajj'eva buddhaṃ saraṇaṃ vajāmī"ti. [15]
seek refuge in the Buddha this very day

Āha. Atha naṃ māṇavo – Then said the youth -

"Ajj'eva buddhaṃ saraṇaṃ vajāhi,
This very day seek refuge in the Buddha,
Dhammañca saṅghañca pasannacitto;
the Law, and the Order with a gladdened heart
That'eva sikkhā-padāni pañca,
Likewise take upon yourself the Five Precepts
Akhaṇḍa-phullāni samādiyassu.

---

[14] (**Vimana Vatthu 1220-21; Peta Vatthu 199-200)**
[15] (**Vimana Vatthu 1222; Peta Vatthu 201)**

and keep them unbroken and unimpaired.

Pāṇātipātā viramassu khippaṃ,

Refrain from taking life quickly,

Loke adinnaṃ parivajjayassu;

take not that which is not given to you in this world;

Amajjapo mā ca musā bhaṇāhi,

Drink not strong drink; speak not falsely;

Sakena dārena ca hohi tuṭṭho"ti.

be content with your own wife.[16]

Āha . So "sādhū"ti sampaṭicchitvā "Very well," said the Brahman, agreeing. **imā gāthā abhāsi –** And he pronounced the following Stanzas

"Attha-kām'osi me yakkha,

You desire my weal, yakkha;

Hita-kām'osi devate;

you desire my welfare, divinity;

Karomi tuyhaṃ vacanaṃ,

I will obey your words;

tvaṃ'si ācariyo mama.

you are my teacher.

"Upemi saraṇaṃ buddhaṃ,

I seek refuge in the Buddha,

dhammañcāpi anuttaraṃ;

and likewise in his incomparable Law,

Saṅghañca naradevassa,

And in the Order of the Prince of Men

gacchāmi saraṇaṃ ahaṃ.

do I seek refuge.

"Pāṇātipātā viramāmi khippaṃ,

From the taking of life do I refrain, from this moment;

---

[16] (**Vimana Vatthu 1223-1224; Peta Vatthu 202-203)**

Loke adinnaṃ parivajjayāmi;
I abstain from taking that which is not given to me in this world;
Amajjapo no ca musā bhaṇāmi,
I drink not strong drink; I speak not falsely;
Sakena dārena ca homi tuṭṭho"ti.
I am content with my own wife.[17]

Atha naṃ devaputto,Then said the deity to him, **"brāhmaṇa,** "Brahman, **te gehe bahuṃ dhanaṃ atthi,** you have much wealth in your house **satthāraṃ upasaṅkamitvā** Approach the Teacher, **dānaṃ dehi,** give alms, **dhammaṃ suṇāhi,** listen to the Law, **pañhaṃ pucchāhī"ti** and ask him questions." **vatvā** So saying **tatth'eva** there itself **antaradhāyi**, he disappeared**.**

Brāhmaṇo-pi The Brahman **gehaṃ gantvā** went home **brāhmaṇiṃ āmantetvā,** and said to his wife, **"bhadde,** "Wife, **ahaṃ ajja samaṇaṃ gotamaṃ nimantetvā** I shall invite the monk Gotama **pañhaṃ pucchissāmi,** to my house and ask him questions; **sakkāraṃ karohī"ti** therefore prepare hospitality." **vatvā vihāraṃ gantvā** Then he went to the monastery, **satthāraṃ n'eva abhivādetvā** and without saluting the Teacher **na paṭisanthāraṃ katvā** or expressing any pleasure at seeing him **ekamantaṃ ṭhito** stood on one side and said**, "bho gotama,** "Sir Gotama, **adhivāsehi**, consent **ajjatanāya bhattaṃ** for to-day to take a meal in my house**saddhiṃ bhikkhusaṅghenā"ti āha** with your company of monks." **Satthā adhivāsesi** The Teacher

---

[17] (**Vimana Vatthu 1225-1227; Peta Vatthu 204-206)**

consented.. **So satthu adhivāsanaṃ viditvā** As soon as the Brahman received his consent, **vegenā gantvā sake nivesane** he returned home quickly **paṇītaṃ khādanīyaṃ bhojanīyañca** and caused food, both hard and soft, **paṭiyādāpesi** to be prepared in his house. **Satthā** The Teacher, **bhikkhu-saṅgha-parivuto** accompanied by the Congregation of Monks, **tassa gehaṃ gantvā** went to his house **paññatt'āsane nisīdi** and sat down on the seat prepared for him. **Brāhmaṇo** The Brahman **sakkaccaṃ parivisi** waited upon him respectfully**,** **mahā-jano sannipati** A multitude of people assembled**.** **Micchā-diṭṭhikena kira** We are told that when a man who holds false views **tathāgate nimantite** invites the Tathagata, **dve janakāyā sannipatanti** two classes of people assemble - **micchādiṭṭhikā** Those who hold false views assemble with the thought in their minds, **"ajja** "To-day **samaṇaṃ gotamaṃ** the monk Gotama **pañhaṃ pucchanāya viheṭhiyamānaṃ** embarrassed by the questions that are asked **passissāmā"ti** we shall see him." **sannipatanti, sammādiṭṭhikā** Those who hold right views (assemble) with the thought, **"ajja** "To-day **Buddha-visayaṃ** the power of a Buddha **Buddha-līḷaṃ** and the grace of a Buddha **passissāmā"ti** we will see." **sannipatanti** they assemble**.** **Atha kho** Now **brāhmaṇo** the Brahman **kata-bhatta-kiccaṃ tathāgatam-upasaṅkamitvā** when the Tathagata had finished his meal, approached him, **nīcāsane nisinno** seated himself on a low seat, **pañhaṃ pucchi** and asked him the following question, **– "bho gotama,** "Sir Gotama, (are there any) **tumhākaṃ dānaṃ adatvā** without giving alms to you **pūjaṃ akatvā** without rendering honor to you, **dhammaṃ asutvā** without hearing the Law **uposatha-vāsaṃ avasitvā** without keeping fast-day **kevalaṃ mano-pasāda-matten'eva** solely through the matter of a gladdened mind" **sagge nibbattā nāma hontī"ti** that they have been reborn in Heaven**? "Brāhmaṇa, kasmā maṃ pucchasi,** "Brahman, why do you ask me? **nanu te puttena** Did not your own son **maṭṭhakuṇḍalinā** Matthakundali **mayi manaṃ pasādetvā** (that) by gladdening his mind through me **attano sagge nibbatta-bhāvo** he had been reborn in Heaven **kathito"ti** did not he tell you?" **"Kadā,** "When, **bho gotamā"ti?** Sir Gotama?" **Nanu tvaṃ** Did you not **ajja susānaṃ gantvā** "go to the burning-ground to-day, **kandanto** and while you were weeping, **avidūre** see a youth near you **bāhā paggayha kandantaṃ** wringing his hands and weeping? **ekaṃ māṇavaṃ disvā** And did you not say to him **"alaṅkato** 'Richly adorned, **maṭṭhakuṇḍalī, māla-dhārī-hari-candan'ussado"ti** wearing earrings of burnished gold, bearing garlands, with protuberances of yellow sandal?" **dvīhi janehi kathita-kathaṃ pakāsento** Continuing, the Teacher related in detail the conversation of the two **sabbaṃ maṭṭhakuṇḍali-vatthuṃ kathesi** and told the whole story of Matthakundali**.** **Ten'ev'etaṃ** For this very reason **Buddha-bhāsitaṃ nāma jātaṃ** the Teacher pronounced this Word of the Buddha**.**

Taṃ kathetvā ca pana "na kho, brāhmaṇa, "Brahman, it is not a question **eka-sataṃ vā** of one hundred **na dve-sataṃ** or two hundred**, atha kho** because **mayi manaṃ pasādetvā** those whose mind has been gladdened by me **sagge nibbattānaṃ** and who have been reborn in Heaven **gaṇanā nāma natthī"ti āha** — there is no counting of those." **Atha mahājano** The multitude **na nibbematiko hoti** were not free from doubt**, ath'assa anibbematika-bhāvaṃ viditvā satthā** The Teacher, perceiving that they were not free from doubt, **"maṭṭhakuṇḍali-devaputto** "Let the deity Matthakundali

vimānen'eva saddhiṃ āgacchatū"ti , come hither in his mansion." **adhiṭṭhāsi** he ommanded**. So tigāvuta-ppamāṇen'eva** three-quarters of a league in height **dibbā-bharaṇa-paṭimaṇḍitena atta-bhāvena** his person adorned with celestial adornments. **āgantvā** Matthakundali drew near **vimānato oruyha** Descending from his mansion **satthāraṃ vanditvā** he paid obeisance to the Teacher **ekamantaṃ aṭṭhāsi** and stood respectfully on one side**. Atha naṃ satthā** The Teacher asked him, **"tvaṃ imaṃ sampattiṃ** to attain this glory **kiṃ kammaṃ katvā paṭilabhī"ti pucchanto –**What work of merit did you perform? -

"Abhikkantena vaṇṇena,
possessing surpassing beauty
yā tvaṃ tiṭṭhasi devate;
Divinity, you who stands right here
Obhāsentī disā sabbā,
Illuminating all four quarters
osadhī viya tārakā;
like the herb-star
Pucchāmi taṃ deva mah'ānubhāva,
I ask you, god of mighty power,
Manussa-bhūto kim-akāsi puññan"ti. –
What meritorious act did you perform in your human estate?

Gātham-āha. When the Teacher had completed this Stanza the deity replied, **"Devaputto ayaṃ me** "(The state of) a divine son I**, bhante,** Sir **sampatti** obtained **tumhesu cittaṃ pasādetvā laddhā"ti** by attaining a gladdened mind because of you." **"Mayi cittaṃ pasādetvā laddhā te"ti?** "You obtained it by reposing confidence in me?" **"Āma, bhante"ti.** "Yes, Venerable Sir."

Mahājano devaputtaṃ oloketvā The populace surveyed the god **"acchariyā** and exclaimed, "Marvelous, **vata,** indeed **bho,** friends, **buddha-guṇā,** are the qualities of the Buddhas! **Adinna-pubbaka-brāhmaṇassa nāma putto** the son of the Brahman Adinnapubbaka **aññaṃ kiñci puññaṃ akatvā** without doing a single other work of merit **satthari cittaṃ pasādetvā evarūpaṃ sampattiṃ paṭilabhī"ti** obtained glory such as this simply by reposing confidence in the Teacher **tuṭṭhiṃ pavedesi** And they were filled with content**.**

Atha nesaṃ Then the Teacher said to them **kusal'ākusala-kamma-karaṇe mano'va pubbaṅgamo** "Our thoughts are the source of all our actions, both good and bad**, mano'va seṭṭho** and by our thoughts are our actions controlled**. Pasannena hi manena kataṃ kammaṃ** For, like a shadow, an act done with thought of happiness **deva-lokaṃ manussa-lokaṃ gacchantaṃ** a man who goes to the World of the Gods or the world of men **puggalaṃ chāyā'va na vijahatīti** it never leaves like a shadow. **idaṃ vatthuṃ kathetvā** After relating this story, **anusandhiṃ ghaṭetvā** (the King of Righteousness) joined the connection, even as a king **patiṭṭhāpitamattikaṃ** - after the clay has been affixed - **sāsanaṃ** (seals) an edict **raja-muddāya** with the royal seal **lañchanto viya,** and as if sealing it, **dhammarājā** the King of Righteousness **imaṃ gāthamāha –** pronounced the following Stanza:

2. Dhammapada

"Manopubbaṅgamā dhammā,
Thought is of all things first
manoseṭṭhā manomayā;
thought are all things made
Manasā ce pasannena,
If with thought gladdened
bhāsati vā karoti vā;
a man speak or act,
Tato naṃ sukhamanveti,
Happiness follows him,
chāyāva anapāyinī"ti. – Dhp v. 2
Happiness follows him, even as a shadow never fading

Tattha kiñcāpi manoti avisesena sabbampi catubhūmikacittaṃ vuccati, imasmiṃ pana pade niyamiyamānaṃ vavatthāpiyamānaṃ paricchijjiyamānaṃ aṭṭhavidhaṃ kāmāvacarakusalacittaṃ labbhati. Vatthuvasena panāhariyamānaṃ tatopi somanassasahagataṃ ñāṇasampayuttacittameva labbhati. Pubbaṅgamāti tena paṭhamagāminā hutvā samannāgatā. Dhammāti vedanādayo tayo khandhā. Ete hi uppādapaccayaṭṭhena somanassasampayuttamano pubbaṅgamo etesantimanopubbaṅgamā nāma. Yathā hi bahūsu ekato hutvā mahābhikkhusaṅghassa cīvaradānādīni vā uḷārapūjādhammassavanādīni vā mālāgandhasakkārakaraṇādīni vā puññāni karontesu "ko etesaṃ pubbaṅgamo"ti vutte yo tesaṃ paccayo hoti, yaṃ nissāya te tāni puññāni karonti, so tisso vā phusso vā tesaṃ pubbaṅgamoti vuccati, evaṃsampadamidaṃ veditabbaṃ. Iti uppādapaccayaṭṭhena mano pubbaṅgamo etesanti manopubbaṅgamā. Na hi te mane anuppajjante uppajjituṃ sakkonti, mano pana ekaccesu cetasikesu anuppajjantesupi uppajjatiyeva. Evaṃ adhipativasena pana mano seṭṭho etesanti manoseṭṭhā. Yathā hi gaṇādīnaṃ adhipati puriso gaṇaseṭṭho seṇiseṭṭhoti vuccati, tathā tesampi manova seṭṭho. Yathā pana suvaṇṇādīhi nipphāditāni bhaṇḍāni suvaṇṇamayādīni nāma honti, tathā etepi manato nipphannattā manomayā nāma.

Pasannenāti anabhijjhādīhi guṇehi pasannena. Bhāsati vā karoti vāti evarūpena manena bhāsanto catubbidhaṃ vacīsucaritameva bhāsati, karonto tividhaṃ kāyasucaritameva karoti, abhāsanto akaronto tāya anabhijjhādīhi pasannamānasatāya tividhaṃ manosucaritaṃ pūreti. Evamassa dasa kusalakammapathā pāripūriṃ gacchanti.

Tato naṃ sukhamanvetīti tato tividhasucaritato naṃ puggalaṃ sukha manveti. Idha tebhūmikampi kusalaṃ adhippetaṃ, tasmā tebhūmikasucaritānubhāvena sugatibhave nibbattaṃ puggalaṃ, duggatiyaṃ vā sukhānubhavanaṭṭhāne ṭhitaṃ kāyavatthukampi itaravatthukampi avatthukampīti kāyikacetasikaṃ vipākasukhaṃ anugacchati, na vijahatīti attho veditabbo. Yathā kiṃ? Chāyāva anapāyinīti yathā hi chāyā nāma sarīrappaṭibaddhā sarīre gacchante gacchati, tiṭṭhante tiṭṭhati , nisīdante nisīdati, na sakkoti, "saṇhena vā pharusena vā nivattāhī"ti vatvā vā pothetvā vā nivattāpetuṃ. Kasmā? Sarīrappaṭibaddhattā. Evameva imesaṃ dasannaṃ kusalakammapathānaṃ āciṇṇasamāciṇṇakusalamūlikaṃ kāmāvacarādibhedaṃ kāyikacetasikasukhaṃ gatagataṭṭhāne anapāyinī chāyā viya hutvā na vijahatīti.

Gāthāpariyosāne caturāsītiyā pāṇasahassānaṃ dhammābhisamayo ahosi, maṭṭhakuṇḍalidevaputto sotāpattiphale patiṭṭhahi, tathā adinnapubbako brāhmaṇo. So

tāvamahantaṃ vibhavaṃ buddhasāsane vippakirīti.

Maṭṭhakuṇḍalīvatthu dutiyaṃ.

3. Tissatthera-vatthu

3. The Elder Tissa, the fat[18]

"Akkocchi man"ti "He abused me..." **imaṃ dhamma-desanaṃ** This Dhamma instruction **satthā jetavane viharanto** was given by the Teacher while he was in residence at Jetavana **tissattheraṃ ārabbha kathesi** with reference to Elder Tissa.

So kir'āyasmā tissatthero It seems that this Venerable Elder **bhagavato pitucchā-putto ahosi** was the son of the sister of the father of the Exalted One, **mahallaka-kāle pabbajitvā** He was an old man when he retired from the world, **buddhānaṃ uppanna-lābha-sakkāraṃ paribhuñjanto** He enjoyed the gain and honor of the Buddhas **thūla-sarīro** and was very fat **ākoṭita-pacc'ākoṭitehi cīvarehi nivāsetvā** his clothes were always smooth from constant beating **yebhuyyena** he always **vihāra-majjhe** sat in the center of the monastery **upaṭṭhāna-sālāyaṃ nisīdati** in the Hall of Support. **Tathāgataṃ dassan'atthāya** One day some to see the Tathagata **āgatā āgantuka-bhikkhū** some visiting monks came **taṃ disvā "eko mahāthero bhavissatī"ti saññāya** and supposing Tissa to be some Great Elder **tassa santikaṃ gantvā** they went to him **vattaṃ āpucchanti** asked to be allowed the

---

[18] 1 Derived from this story are Thera-Gatha Commentary, xxxix, and Rogers, Buddhaghosha's Parables, iii, pp. 18-24. Cf. Samyutta, xxii. 84: iii. 106-109.

privilege of waiting upon him, **pāda-sambāhan'ādīni āpucchanti** offering among other things to rub his feet. **So tuṇhī ahosi** Tissa remained silent**. Atha naṃ eko dahara-bhikkhu** Thereupon a certain young monk asked him, **"kati-vassā tumhe"ti** "How many seasons have you kept residence?" **pucchitvā "vassaṃ n'atthi,** "No seasons at all," replied Tissa; **mahallakakāle pabbajitā mayan"ti** "I was an old man when I retired from the world." Said the young monk, **vutte, "āvuso, dubbinīta, mahallaka ,** "You wretched old monk, **attano pamāṇaṃ na jānāsi** you overestimate your own importance**, ettake mahāthere disvā** Seeing before you, as you do, all these Great Elders, **sāmīci-kamma-mattam-pi na karosi** you are not even civil to them**, vatte āpucchiyamāne tuṇhī hosi** To their offers to perform various services for you you answer by silence [i.e. which meant to agree]**, kukkucca-mattam-pi te natthī"ti** Moreover, you show not the slightest regret for your misconduct." So saying, **accharaṃ pahari** he snapped his fingers. **So khattiya-mānaṃ janetvā** Recovering the pride of a member of the Warrior caste, **"tumhe kassa santikaṃ āgatā"ti** "Whom did you come to see?" **pucchitvā** Tissa asked them,**"satthu santikan"ti** "We came to see the Teacher." **vutte "maṃ pana** "But with reference to me, **'ko eso'ti sallakkhetha** you say to yourselves, 'Who is he?' **mūlam'eva vo chindissāmī"ti** I will extirpate your from the root up," **vatvā** So saying, he went to the Teacher, **rudanto dukkhī dummano satthu santikaṃ agamāsi** weeping and sad and sorrowful**. Atha naṃ satthā** The Teacher asked him, **"kiṃ nu tvaṃ tissa** "Tissa, how is it that you **dukkhī dummano assumukho rodamāno āgatosī"ti** come to me sad and sorrowful, with tears in your eyes, weeping?" **pucchi. Tepi bhikkhū** The monks said to themselves, **"esa gantvā kiñci** "If he goes alone,

āloḷaṃ kareyyā"ti he may cause some trouble." **Ten'eva saddhiṃ gantvā** So they went right with him, **satthāraṃ vanditvā** paid obeisance to the Teacher, **ekamantaṃ nisīdiṃsu** and sat down respectfully on one side. **So satthārā pucchito** Tissa answered the Teacher's question as follows **"ime maṃ, bhante, bhikkhū akkosantī"ti** "Reverend Sir, these monks are abusing me." **āha. "Kahaṃ pana** "But where **tvaṃ nisinnosī"ti?** were you sitting?" **"Vihāra-majjhe** "In the center of the monastery **upaṭṭhāna-sālāyaṃ, bhante"ti.** in the Hall of Support, Venerable Sir." **"Ime te bhikkhū āgacchantā diṭṭhā"ti?** "Did you see these monks when they came?" **"Āma, diṭṭhā, bhante"ti.** "Yes, Reverend Sir, I saw them." **"Kiṃ uṭṭhāya te paccuggamanaṃ katan"ti?** "Did you rise and go to meet them?" **"Na kataṃ, bhante"ti.** "No, Venerable Sir, I did not." **"Parikkhāra-ggahaṇaṃ āpucchitan"ti** "Did you offer to take their monastic utensils?" **"N'āpucchitaṃ, bhante"ti.** "No, Venerable Sir, I did not offer to take them." **"Vattaṃ vā** "Did you offer to wait upon them **pānīyaṃ vā āpucchitan"ti.** and to provide them with water to drink?" **"N'āpucchitaṃ bhante"ti?** "No, Venerable Sir, I did not offer to do either of these things." **"Āsanaṃ nīharitvā** "Did you bring seats for them **abhivādetvā pādasambāhanaṃ katan"ti?** and rub their feet?" **"Na kataṃ, bhante"ti.** "I did not, Venerable Sir." **"Tissa mahallaka-bhikkhūnaṃ sabbaṃ etaṃ vattaṃ kātabbaṃ** "Tissa, you should have performed all these services for the old monks**, etaṃ vattaṃ akarontena** for he who does not do this **vihāramajjhe nisīdituṃ na vaṭṭati** has no right to sit in the center of the monastery**, tav'eva doso** You alone are to blame; **ete bhikkhū khamāpehī"ti** ask pardon of these monks." **"Ete maṃ, bhante, akkosiṃsu** "But they abused me, Venerable Sir**,**

n'āhaṃ ete khamāpemī"ti. I will not ask their pardon." **"Tissa mā evaṃ kari,** "Tissa, do not act thus. **Tav'eva doso,** You alone are to blame; **khamāpehi ne"ti** ask their pardon." **"Na khamāpemi, bhante"ti.** "I will not ask their pardon, Venerable Sir." **Atha satthā** (The monks said) to the Teacher, **"dubbaco esa, bhante"ti** "He is an obstinate monk, Venerable Sir." **bhikkhūhi vutte** (The Teacher replied), **"na, bhikkhave, idān'eva** "Monks, this is not the first time **dubbaco esa** he has proved obstinate; **pubbepi esa dubbacoyevā"ti vatvā** he was obstinate also in a previous state of existence." **"idāni tāvassa, bhante, dubbacabhāvo amhehi ñāto** "We know all about his present obstinacy**, atīte esa kiṃ akāsī"ti vutte** Sir; but what did he do in a previous state of existence?" **"tena hi, bhikkhave,** "Well then, monks, **suṇāthā"ti** listen," **vatvā** said the Teacher **atītam-āhari** So saying, he told the following:

[3. Story of the Past: Devala and Narada]

Atīte Once upon a time, **bārāṇasiyaṃ** at Benares **bārāṇasirañña** when a certain king of Benares **rajjaṃ kārente** reigned, **devilo nāma tāpaso** an ascetic named Devala **aṭṭha māse himavante vasitvā** who had resided for eight months in the Himalaya **loṇ'ambila-sevan'atthāya** (he came back) for salt and vinegar **cattāro māse** (and to stay) during the four months (of the rains) **nagaram-upanissāya vasitu-kāmo** desiring to reside near the city **himavantato āgantvā** (that is why) he returned from the Himalaya **nagara-dvāre dārake disvā** Seeing (two) boys at the gate of the city **pucchi –** he asked them, **"imaṃ nagaraṃ** who come to this city **sampatta-pabbajitā** "where do monks **kattha vasantī"ti?** spend the night?" **"Kumbha-kāra-**

sālāyaṃ, "In the potter's hall, **bhante"ti** Sir." **Tāpaso** So Devala the ascetic **kumbha-kāra-sālaṃ gantvā** went to the potter's hall, **dvāre ṭhatvā** stopped at the door, and said, **"sace te bhaggava agaru** "If it is not difficult for you, Bhaggava**, vaseyyāma ekarattiṃ** I should like to spend one night **sālāyan"ti āha** in your hall." **Kumbhakāro** The potter (turned over the hall) to him, saying, **"mayhaṃ rattiṃ sālāyaṃ kiccaṃ n'atthi** "I have no work (going on) in the hall at night**, mahatī sālā** and the hall is a large hall**, yathā-sukhaṃ vasatha, bhante"ti** spend the night here as you please, Sir" **sālaṃ niyyādesi** thus he turned over the hall**. Tasmiṃ pavisitvā** No sooner had Devala entered the hall **nisinne** and sat down **aparo-pi** than another **nārado nāma** named Narada **tāpaso** an ascetic **himavantato āgantvā** returning from the Himalaya, **kumbhakāraṃ ekarattivāsaṃ yāci** asked the potter for a night's lodging**. Kumbhakāro** The potter thought to himself, **"paṭhamaṃ āgato**"The ascetic who arrived first **iminā saddhiṃ ekato vasitukāmo** willing to spend the night with him **bhaveyya vā no vā** he may or may not be**, attānaṃ parimocessāmī"ti** I will therefore relieve myself of responsibility," **cintetvā** (So he said to the ascetic who had just arrived) **"sace, bhante,** Sir, if **paṭhamaṃ upagato rocessati** the ascetic who arrived first approves**, tassa ruciyā vasathā"ti** spend the night at his pleasure **āha. So tam-upasaṅkamitvā** So Narada approached Devala and said, **"sace te, ācariya agaru,** "Teacher, if it is agreeable to you, **mayañ-c'ettha eka-rattiṃ vaseyyāmā"ti** I should like to spend one night here" **yāci.** He asked. (Devala replied) **"Mahatī sālā,** "The hall is a large one; **pavisitvā ekamante vasāhī"ti** therefore come in and spend the night on one side" **vutte pavisitvā** So Narada went in **puretaraṃ paviṭṭhassa** behind the ascetic who had gone in before him **devilassa aparabhāge nisīdi** he sat down on the other side of Devila. **Ubho-pi sāraṇīya-kathaṃ kathetvā nipajjiṃsu** both exchanged friendly greetings..

Sayana-kāle When it was bedtime **nārado** Narada **devilassa nipajjana-ṭṭhānañ-ca dvārañ-ca sallakkhetvā** noted carefully the place where Devala lay and the position of the door **nipajji** and then lay down. **So pana devilo nipajjamāno** But when Devala lay down **attano nipajjana-ṭṭhāne a-nipajjitvā** instead of lying down in his proper place **dvāra-majjhe tiriyaṃ nipajji** he lay down directly across the doorway. **Nārado rattiṃ nikkhamanto** The result was that when Narada went out at night, **tassa jaṭāsu akkami** he trod on Devala's matted locks. (Thereupon Devala cried out) **"Ko** "Who **maṃ akkamī"ti** is treading on my locks?" **ca vutte,** (Narada replied) **"ācariya, ahan"ti** "Teacher, it is I." **āha. "Kūṭa-jaṭila,** "False ascetic," **araññato āgantvā** "you come from the forest **mama jaṭāsu akkamasī"ti** and tread on my locks." said Devala, **"Ācariya,** "Teacher, **tumhākaṃ idha nipanna-bhāvaṃ** that you were lying here **na jānāmi** I did not know, **khamatha me"ti** pardon me." **vatvā tassa kandantasseva** leaving Devala weeping (as if his heart would break) **bahi nikkhami** Narada then went out. **Itaro** (Devala) the other thought to himself, **"ayaṃ pavisanto-pi** when he comes in also **maṃ akkameyyā"ti** I will let him tread on me." **parivattetvā** So he turned around and lay down, **pāda-ṭṭhāne sīsaṃ katvā nipajji** placing his head where his feet had been before. **Nārado-pi pavisanto** When Narada came in he thought to himself, **"paṭhamamaṃ-p'āhaṃ** "The first time I

ācariye aparajjhiṃ injured the teacher**, idāni'ssa** this time **pāda-passena pavisissāmī"ti** I will go in past his feet" **cintetvā āgacchanto** The result was that, when Narada entered, **gīvāya akkami** he trod on Devala's neck**. "Ko eso"ti** "Who is that?" **ca vutte** thereupon Devala cried out, Narada replied, **"ahaṃ, ācariyā"ti** "It is I, teacher." **vatvā "kūṭa-jaṭila,** "False ascetic," said Devala, **paṭhamaṃ mama jaṭāsu akkamitvā** "the first time you trod on my locks; **idāni gīvāya akkamasi,** this time you tread on my neck **abhisapissāmi tan"ti vutte,** I will curse you." **"ācariya,** "Teacher, **mayhaṃ doso n'atthi** I am not to blame**, ahaṃ tumhākaṃ evaṃ nipanna-bhāvaṃ** that you were lying in this position **na jānāmi,** I did not know. When I came in I thought to myself, **'paṭhamam-pi me aparaddhaṃ** 'The first time I injured the teacher; **idāni pāda-passena pavisissāmī'ti** this time I will go in past his feet.' **paviṭṭho'mhi, khamatha me"ti āha** Pardon me, he said"**. "Kūṭajaṭila,** "False ascetic, **abhisapissāmi tan"ti.** I will curse you." **"Mā evaṃ karittha** "Do not so, **ācariyā"ti** teacher." **So tassa vacanaṃ an-ādiyitvā –** But Devala, paying no attention to what Narada said, (cursed him all the same, saying)

"Sahassa-raṃsī sata-tejo,
Possessing a thousand rays and a hundred flames,
sūriyo tama-vinodano;
The sun is dispeller of darkness.
Pāt'odayante sūriye,
When the sun rises on the morrow,
muddhā te phalatu sattadhā"ti. –
may your head split into seven pieces.

Taṃ abhisapi eva cursed him all the same. **Nārado,** Narada said, **"ācariya,** "Teacher, **mayhaṃ doso n'atthīti** I told you it was not my fault. **mama vadantass'eva** But in spite of what I said, **tumhe abhisapatha,** you have cursed me **yassa doso atthi, tassa muddhā phalatu,** Let the head of the guilty man split into seven pieces, **mā niddosassā"ti vatvā –** not that of the innocent."

"Sahassa-raṃsī sata-tejo,
Possessing a thousand rays and a hundred flames,
sūriyo tama-vinodano;
The sun is dispeller of darkness.
Pāt'odayante sūriye,
When the sun rises on the morrow,
muddhā te phalatu sattadhā"ti. –
may your head split into seven pieces.

Abhisapi (Thereupon Narada) pronounced the curse. **So pana mahānubhāvo** Now Narada possessed great supernatural power **atīte cattālīsa, anāgate cattālīsāti** forty cycles in the past **asītikappe anussarati** and forty in the future he could call to mind eighty cycles of time. **Tasmā** So considering, **"kassa nu kho upari abhisapo patissatī"ti** "On whom will the curse fall?" **upadhārento "ācariyassā"ti ñatvā** and perceiving that it would fall on his brother-ascetic **tasmiṃ anukampaṃ paṭicca** he felt compassion for him **iddhi-balena** and therefore put forth the power of his magic **aruṇuggamanaṃ nivāreti** and prevented the sun from rising.

Nāgarā aruṇe anuggacchante When the sun failed to rise the citizens **rājadvāraṃ gantvā,** assembled before the gate of the king's palace and wailed **"deva,** "Your majesty, **tayi rajjaṃ kārente aruṇo na uṭṭhahati,** the sun has not risen, and you are king. **aruṇaṃ no uṭṭhāpehī"ti kandiṃsu.** Make the sun rise for us." **Rājā attano kāyakamm'ādīni olokento** The king surveyed his own deeds, words, and thoughts, **kiñci ayuttaṃ adisvā** and seeing no impropriety, **"kiṃ nu kho kāraṇan"ti cintetvā** thought to himself, "What can be the cause?" **"pabbajitānaṃ vivādena bhavitabban"ti parisaṅkamāno** Suspecting that it might be because of a quarrel of the monks, **"kacci imasmiṃ nagare pabbajitā atthī"ti** "Are there any monks in this city?" **pucchi** he inquired, **"Hiyyo sāyaṃ** last evening **kumbha-kāra-sālāyaṃ āgatā atthi** there were some arrivals at the potter's hall. **devā"ti vutte** Your majesty", **taṃ khaṇañ-ñ-eva rājā** The king immediately **ukkāhi dhāriyamānāhi tattha gantvā** went there with torches carried before him **nāradaṃ vanditvā** paid obeisance to Narada, **ekamantaṃ nisinno** seated himself respectfully on one side, **āha** and said –

"Kammantā nappavattanti,
Unable to pursue their occupations,
jambudīpassa nārada;
Narada, are the people of the Land of the Rose-Apple
Kena loko tamobhūto,
Why is the world overspread with darkness?
taṃ me akkhāhi pucchito"ti.
Tell me in answer to my question.

Nārado sabbaṃ taṃ pavattiṃ ācikkhitvā Narada told him the whole story. **iminā kāraṇena**

"For this reason," said he, **ahaṃ iminā abhisapito,** "I was cursed by this ascetic. **Ath'āhaṃ** So I **"mayhaṃ doso natthi,** 'I am not to blame; **yassa doso atthi,** whichever of us is to blame' **tass'eva upari abhisapo patatū"ti** let the curse fall upon him **vatvā abhisapiṃ** saying that, I cursed him back**. Abhisapitvā ca pana** But when I had cursed him, I considered within myself, **"kassa nu kho upari abhisapo patissatī"ti** 'Upon whom will the curse fall?' **upadhārento** and perceived that, **"sūriy'uggamana-velāya** as soon as the sun rose, **ācariyassa muddhā** the head of my brother-ascetic **sattadhā phalissatī"ti disvā** would split into seven pieces. **etasmiṃ anukampaṃ paṭicca** Therefore, out of pity for him, **aruṇassa uggamanaṃ na demīti.** I am not permitting the sun to rise." **"Kathaṃ pana assa, bhante,** "But, Venerable Sir, **antarāyo na bhaveyyā"ti.** how can he escape destruction?" **"Sace maṃ khamāpeyya, na bhaveyyā"ti.** "He may (escape destruction) by begging my pardon." **"Tena hi** "Well then," **khamāpehī"ti** "beg his pardon." **vutte** said the king to Devala, **"eso, mahārāja,** Devala replied, "This fellow, Great king, **maṃ jaṭāsu ca gīvāya ca akkami,** trod on my matted locks and on my neck; **n'āhaṃ** I will not **etaṃ kūṭa-jaṭilaṃ khamāpemī"ti.** beg pardon of this false ascetic." **"Khamāpehi, bhante,** "Beg his pardon, Venerable Sir; **mā evaṃ karitthā"ti.** do not act thus." **"Na khamāpemī"ti.** "Great king, I will not beg his pardon." **"Muddhā te** "Your head **sattadhā phalissatī"ti** will split into seven pieces." **vutte-pi** Nevertheless **na khamāpeti-y-eva.** He did not beg his pardon. **Atha naṃ rājā "na tvaṃ attano ruciyā khamāpessasī"ti** "I am convinced that you will not beg his pardon of your own free will," said the king. **hattha-pāda-kucchi-gīvāsu gāhāpetvā**

Thereupon, taking him by the hands, feet, belly, and neck, **nāradassa pādamūle onamāpesi.** the king compelled him to bow down before Narada's feet. **Nārado-pi** Narada (said) **"uṭṭhehi,** "Rise, **ācariya,** teacher, **khamāmi te"ti** I pardon you." **vatvā,** Then said Narada to the king, **"mahārāja, n'āyaṃ yathāmanena khamāpeti,** "Great king, since this ascetic does not ask pardon of his own free will, **nagarassa avidūre eko saro atthi,** take him to a certain lake not far from the city, **tattha naṃ sīse mattikā-piṇḍaṃ katvā** put a lump of clay on top of his head, **gala-ppamāṇe udake ṭhapāpehī"ti** and make him stand in the water up to his neck." **āha. Rājā tathā kāresi.** The king did so. **Nārado devilaṃ āmantetvā,** Then said Narada to Devala, **"ācariya,** "Teacher, **mayā iddhiyā vissaṭṭhāya** I will put forth my magical power **sūriya-santāpe uṭṭhahante** and cause the sun to rise **udake nimujjitvā** At that moment duck in the water, **aññena ṭhānena uttaritvā** rise in a different place, **gaccheyyāsī"ti āha** and go your way." **"Tassa sūriya-raṃsīhi saṃphuṭṭha-matto'va** As soon as the sun's rays touched **mattikā-piṇḍo** the lump of clay, **sattadhā phali,** it split into seven pieces. **so nimujjitvā** Thereupon Devala ducked in the water, **aññena ṭhānena palāyī"ti** rose in a different place, and ran away.

[End of the story of the past]

Satthā imaṃ dhammadesanaṃ āharitvā When the Teacher had given this Dhamma instruction, **"tadā, bhikkhave, rājā ānando ahosi,** he said, "Monks, at that time the king was Ananda, **devilo tisso,** Devala was Tissa, **nārado aham-evā'ti** and Narada was I myself; **evaṃ tadā'p'esa dubbacoyevā"ti** at that time also he was obstinate." **vatvā tissattheraṃ āmantetvā,** Then he addressed the Elder Tissa as follows, **"tissa, bhikkhuno nāma** "Tissa, if a monk allows himself to think, **'asukenāhaṃ akkuṭṭho,** 'So and So abused me, **asukena pahaṭo,** So and So struck me, **asukena jito,** So and So defeated me, **asuko kho me bhaṇḍaṃ ahāsī'ti** So and So robbed me of my goods,' **cintentassa veraṃ nāma na vūpasammati,** his hatred never ceases **evaṃ pana an-upanayhantass'eva upasammatī"ti** But if he does not cherish such thoughts, his hatred ceases." **vatvā imā gāthā abhāsi –** So saying, he pronounced the following Stanzas:

3. Dhammapada

"Akkocchi maṃ avadhi maṃ,
"He abused me, he struck me,
ajini maṃ ahāsi me;
he defeated me, he robbed me;"
Ye ca taṃ upanayhanti,
If any cherish this thought,
veraṃ tesaṃ na sammati.
their hatred never ceases.

4. Dhammapada

"Akkocchi maṃ avadhi maṃ,
"He abused me, he struck me,
ajini maṃ ahāsi me;
he defeated me, he robbed me;"
Ye ca taṃ n'upanayhanti,
If any cherish not this thought,
veraṃ tesūpasammatī"ti.
their hatred ceases.

[Grammatical explanation]

Tattha akkocchīti akkosi. Avadhīti pahari. Ajinīti kūṭasakkhiotāraṇena vā vādapaṭivādena vā karaṇuttariyakaraṇena vā ajesi. Ahāsi meti mama santakaṃ pattādīsu kiñcideva avahari. Ye ca tanti ye keci devatā vā manussā vā gahaṭṭhā vā pabbajitā vā taṃ "akkocchi man"tiādivatthukaṃ kodhaṃ sakaṭadhuraṃ viya naddhinā pūtimacchādīni viya ca kusādīhi punappunaṃ veṭhetvā upanayhanti, tesaṃ sakiṃ uppannaṃ veraṃ na sammatīti vūpasammati. Ye ca taṃ nupanayhantīti asatiyā amanasikāravasena vā kammapaccavekkhaṇādivasena vā ye taṃ akkosādivatthukaṃ kodhaṃ tayāpi koci niddoso purimabhave akkuṭṭho bhavissati, pahaṭo bhavissati, kūṭasakkhiṃ otāretvā jito bhavissati, kassaci te pasayha kiñci acchinnaṃ bhavissati, tasmā niddoso hutvāpi akkosādīni pāpuṇāsīti evaṃ na upanayhanti. Tesu pamādena uppannampi veraṃ iminā anupanayhanena nirindhano viya jātavedo vūpasammatīti.

Desanāpariyosāne satasahassabhikkhū sotāpattiphalādīni pāpuṇiṃsu. Dhammadesanā mahājanassa sātthikā ahosi. Dubbacopi subbacoyeva jātoti.

Tissattheravatthu tatiyaṃ.

31025432R00058

Printed in Great
Britain
by Amazon